Blüten für die Seele

D1877360

Die Gedanken, Methoden und Anregungen in diesem Buch stellen die Meinung bzw. die Erfahrung des Verfassers bzw. der Herausgeber dar. Sie haben einen fundierten empirischen Hintergrund und werden hier verantwortungsbewußt mit-geteilt.
Keinesfalls bieten sie Ersatz für das – bei etwa eingeschränkter Gesundheit besonders empfohlene – beratende Gespräch mit Personen, die die Zulassung zur Ausübung von Heilberufen und Ihr Vertrauen besitzen.
Jede Leserin, jeder Leser sollte für das eigene Tun (oder Lassen) auch weiterhin selbst verantwortlich sein.
Eine Haftung für etwaige Personen-, Sach- oder Vermögensschäden ist ausgeschlossen.

Der Autor Julian Barnard ist Forscher und Praktiker auf dem Gebiet der Bachblüten und ein hervorragender Kenner des Lebenswerks von Dr. Edward Bach. Er lebt mit seiner Frau Martine und zwei Kindern auf dem Land, in der englischen Grafschaft Herefordshire.
Seine Anschrift lautet: P.O.Box 65, Hereford HR 2 OUW, England

Julian Barnard

Blüten für die Seele

Das Bachblüten-
Brevier für die
ersten Schritte

Aus dem Englischen
von *Christopher Baker*

INTEGRAL

Die Originalausgabe erschien unter dem Titel „A Guide to the Bach Flower Remedies“ bei The C. W. Daniel Company Ltd., Saffron Walden, Essex, England.

12. Auflage 1997
Copyright © 1979 by Julian Barnard
Alle deutschsprachigen Rechte beim Scherz Verlag, Bern, München, Wien, für den Integral Verlag.
Alle Rechte der Verbreitung, auch durch Funk, Fernsehen, fotomechanische Wiedergabe, Tonträger jeder Art und auszugsweisen Nachdruck, sind vorbehalten.
Einbandgestaltung: Zembsch' Werkstatt, München, unter Verwendung einer Illustration von Martine Barnard, Hereford, England

ISBN 3-502-25142-7

Inhaltsverzeichnis

Im Namen des Gottes der Eins ist
möge die Gabe des Heilens all denen zuteil werden
die jenen beistehen wollen die Heilung suchen

Einleitung

Was ist die sogenannte Bach-Blütentherapie? Sie ist eine einfache und natürliche Heilmethode, die bestimmte wildwachsende Pflanzen und ihre Blüten verwendet. Diese Heilmittel, die sich an die Störungen in der *Persönlichkeit* eines "Patienten wenden", anstatt an den jeweiligen körperlichen Zustand, wurden in den dreissiger Jahren von Dr. Edward Bach entdeckt. Nach vielen Jahren schulmedizinischer wie auch homöopathischer Praxis gelangte Dr. Bach zu der Erkenntnis, daß das Wesen der Krankheit weniger mit den zahlreich Krankheitskategorien, nach denen man die verschiedenen Leiden der Patienten benennt, zu tun hat, als vielmehr mit den seelischen oder psychologischen Zuständen, aus denen diese Leiden hervorgegangen sind. Über einen Zeitraum von Jahren gelang es ihm, diese typischen psychologischen Zustände zu erkennen und für jeden ein passendes Heilmittel zu finden. Diese Mittel fand Dr. Bach unter den wildwachsenden Blumen und Bäumen - in der gottgegebenen Heilkraft der Natur.

Zu allen Zeiten hat sich der Mensch Heilpflanzen zunutze gemacht. Vor noch nicht allzu langer Zeit bestanden alle pharmazeutischen Präparate aus natürlichen Substanzen. Bei den "Bachblüten" werden jedoch nicht die physischen Wirkstoffe der Pflanze genutzt, sondern die essentielle Energie, die in den Blüten enthalten ist. Diese heilende Energie wird durch ein besonderes Aufbereitungsverfahren extrahiert und anschließend haltbar gemacht. Mit dieser subtilen Substanz wird die Krankheit auf einer subtilen Ebene behandelt. Das heißt, während die meisten Arzneimittel körperliche Beschwerden mit physischen Mitteln behandeln, werden bei der Bach-Blütentherapie psychologische oder *unsichtbare Ursachen* mit Hilfe einer *unsichtbaren Energie* behandelt.

Innerhalb des Gebietes, welches allgemein als "alternative Medizin" oder Naturheilkunde bezeichnet wird, gibt es Heilverfahren, die mit den Entdeckungen von Dr. Bach mehr oder weniger in Einklang sind. An dieser Stelle wollen wir anmerken, daß keine Methode des Heilens für sich beanspruchen kann, die beste oder wirkungsvollste zu sein; jedes Verfahren hat seine Berechtigung und seinen Wert. Es liegt allerdings auf der Hand, daß die Entdeckungen Bachs ein revolutionäres medizinisches

Verfahren darstellen, das sich in seiner Maxime zusammenfassen läßt: “Behandle den Patienten und nicht seine Krankheit.” Ganz gleich an welcher körperlichen Krankheit der Patient leiden mag - ob Astma oder ein Fußpilzleiden - wir können die *Hauptursache* des Zustandes *beseitigen,* wenn es uns gelingt, die psychische Gleichgewichtsstörung zu ermitteln und mit dem entsprechenden Mittel anzugehen.

Ein Beispiel möge diese Zusammenhänge verdeutlichen. Nehmen wir an, zwei Menschen, die in keiner Weise miteinander in Beziehung stehen, erleiden einen schweren Schock. Eine der Personen ist in einen Verkehrsunfall verwickelt. Sie ist stark erschüttert, jedoch nicht körperlich verletzt. In den Wochen danach leidet sie an ständigen Kopfschmerzen und Übelkeit. Bei der zweiten Person handelt es sich um einen Bankier, der einen plötzlichen und schweren finanziellen Verlust hinnehmen muß. Als er dies erfährt, erleidet er einen Schlaganfall mit einer daraus resultierenden partiellen Lähmung des rechten Armes. Normalerweise würde die jeweilige Behandlung dieser beiden Fälle eine unterschiedliche sein. Wollen wir jedoch den psychologischen Zustand behandeln, liegt es auf der Hand, daß beide Patienten einen Schock erlitten haben, wenngleich mit unterschiedlichen körperlichen Folgen. Nach den Methoden von Dr. Bach hieße die erste Verordnung *Star of Bethlehem,* das Mittel, das bei allen Formen von plötzlichen Schmerzen, Störungen und Unfällen eingesetzt wird. Wenn der Schock durch das Mittel neutralisiert wird, lösen sich die körperlichen Folgen auf und verschwinden.

In ähnlicher Weise kann ein Mensch, der an Eifersucht oder Angst leidet, der von Selbstmitleid und Groll beherrscht ist, diesen psychologischen Zustand in unterschiedlicher Weise manifestieren. Eifersucht mag einer Krebserkrankung oder einer Lungenentzündung zugrunde liegen, Selbstmitleid kann für unreine Haut verantwortlich sein, oder auch eine Migräne oder Rückenschmerzen verursachen. Das körperliche Leiden ist unwichtig: die Behandlung wendet sich an den seelischen oder psychologischen Zustand.

Man könnte einwenden, daß es sich hierbei um eine sehr vereinfachende Sicht von Krankheit handelt. Mit den Worten Dr. Bachs, ist es "die Einfachheit (der Heilmethode), zusammen mit ihrer allumfassenden Heilwirkung, die ein solches Wunder darstellt." In einem späteren Abschnitt wollen wir versuchen, den Wirkungsmechanismus der Mittel zu beleuchten, doch an dieser Stelle lautet die notwendige Frage: "Sind die Mittel wirksam?" Und die Antwort darauf ist ein klares "Ja". Natürlich gibt es bestimmte Krankheiten, die dieser Methode nicht mehr zugänglich sind, oder solche, die besser durch andere Therapieformen behandelt werden sollten, doch werden wir im folgenden feststellen können, daß die Bachblüten in fast allen Fällen von Nutzen sein können.

Die Blütenmittel

Obwohl es Tausende von verschiedenen Formen von körperlichen Krankheiten gibt, sind nur eine relativ geringe Anzahl von psychologischen Ursachen dafür verantwortlich. Es gibt insgesamt 38 Bachblüten, die ebensovielen typischen Zuständen entsprechen, in denen die Psyche das Gleichgewicht verloren hat und die schließlich Krankheit erzeugen. Die Mittel werden in sieben Gruppen eingeteilt: Mittel bei

Angst
Unsicherheit
Ungenügendem Interesse an der Gegenwart
Einsamkeit
Überempfindlichkeit gegenüber Einflüssen und Ideen
Mutlosigkeit und Verzweiflung
Übermäßiger Besorgnis um das Wohl anderer.

Jede Kategorie umfaßt eine ganze Bandbreite von psychischen und emotionalen Zuständen. So reicht die Gruppe der Angst-Mittel von hochakuten Angstzuständen, blanker Panik (*Rock Rose*), über spezifische Ängste, wie Höhenangst oder Furcht vor Tieren (*Mimulus*), bis hin zur Ängstlichkeit um das, was anderen zustoßen könnte (*Red Chestnut*). Die Mittelgruppe unter dem Oberbegriff Mutlosigkeit und Verzweiflung reicht von Gefühlen der Unzulänglichkeit (*Larch*), bis zu einem Mittel, welches bei schweren Zuständen innerer Qual verordnet wird, bei Zuständen, die man als "dunkle Nacht der Seele" bezeichnen könnte (*Sweet Chestnut*).

Dr. Bach entdeckte die Mittel, deren Wirkung bei spezifischen Seelenzuständen er intuitiv erkannte, auf seinen ausgedehnten Wanderungen durch die englische Landschaft. Zur Einteilung dieser Zustände gelangte er durch sorgfältige Beobachtung der menschlichen Natur und ganz besonders durch die Beobachtung der Art und Weise, in der verschiedene Menschen reagieren, wenn sie an einer Krankheit leiden oder besonderem Streß ausgesetzt sind.

Es gibt zwei Arten von Mitteln: zum einen die sogenannten Typenmittel, die einen Bezug zu einem charakteristischen Persönlichkeitstypus haben, und zum anderen die Unterstützungsmittel, welche für die weniger tief eingewurzelten, mehr vorübergehenden psychischen Zustände verordnet werden. Diese letztgenannten Mittel passen also bei Zuständen, die nicht notwendigerweise wesentliche Grundbestandteile des Charakters eines Menschen sind, aber dennoch einen starken Einfluß ausüben. So steht zum Beispiel des Mittel *Gorse*, das bei Hoffnungslosigkeit und Verzweiflung verordnet wird, nicht für einen charakteristischen Persönlichkeitstypus, obwohl ein solcher Zustand die Psyche zeitweise völlig in Besitz nehmen kann. Ähnlich verhält es sich bei *Wild Rose*, das Mittel, das bei Apathie und willenloser Resignation paßt; hier handelt es sich ebenfalls um einen Zustand, in den wir zwar verfallen können, welcher aber kein Charakteristikum unserer ursprünglichen Natur ist. Wenn dies alles etwas verwirrend erscheint, dann mögen wir uns daran erinnern, wie wir herangewachsen sind – ein Kind mag dauernd ungeduldig oder eine verträumte Natur sein, doch keine angeborene Disposition zur Verzweiflung haben. Die Hoffnung ist uns angeboren, nur wenn widrige Umstände und Unglück dem Einzelnen später zugesetzt haben, kann sich Hoffnungslosigkeit ausbreiten. Nur wenn das ungeduldige Kind dauernd gehemmt und frustriert wird, können sich Zorn oder Verbitterung entwickeln.

Dr. Bach entdeckte diese 38 Blütenmittel sowohl durch Intuition als auch durch eigenes Leiden. Er verfügte über ein außergewöhnliches Wahrnehmungsvermögen. Hatte er einen typischen Zustand erkannt, besaß er die Gabe, das entsprechende Heilmittel dafür auf intuitivem Weg zu finden. Viele jener Zustände, für die er schließlich Antidote (die jeweils spezifisch wirkenden Gegenmittel) fand, erlitt er in heftiger Weise an eigenem Leib und eigener Seele. Dieses persönliche Leiden sollte auch sein Leben verkürzen – er verstarb im Jahr 1936, im Alter von 50 Jahren – aber es führte ihn auf sicherem Weg zu dem richtigen Heilmittel[1].

Diese Heilmittel werden als Bach-Blüten-Essenzen oder einfach als "Bachblüten" bezeichnet. Die Heilkraft dieser Mittel rührt nicht von der Pflanze im eigentlichem Sinne her, sondern von der *Energie*, die in der Blüte enthalten ist. Diese Energie wird sehr sorgfältig mit Hilfe einer einfachen Methode extrahiert. Eine dünnwandige Schale wird mit reinem Wasser gefüllt. Nun werden so viele Blüten gepflückt, bis die Wasseroberfläche damit bedeckt werden kann. Voraussetzung dafür ist ein sonniger, wolkenloser Tag, am dem die Blüten in ihrer höchsten Entfaltung stehen. Diese Schale bleibt nun drei bis vier Stunden an der Sonne, oder auch etwas kürzer, wenn die Blüten vorher zu welken beginnen. Durch einen Prozeß natürlicher Alchemie wird die heilende Energie, die in den Blüten enthalten ist, auf das Wasser übertragen. Die Blüten werden danach entfernt, die Flüssigkeit in Flaschen gefüllt und mit gleichen Teilen Weinbrand zur Konservierung versetzt. Bei einigen der Mittel, wie *Chestnut Bud* und *Willow*, die nicht auf die oben beschrieben Art und Weise zubereitet werden können, wird die "Kochmethode" angewandt. Dabei werden die ausgesuchten Pflanzenteile 30 Minuten lang in reinem Wasser gekocht, abgeseiht und in der gleichen Art und Weise haltbar gemacht wie bei der Sonnenmethode.

Der so erhaltene Pflanzenauszug wird als "Essenz" bezeichnet – zwei Tropfen dieser Essenz sind genug um eine 30 ml Flasche Weinbrand energetisch aufzuladen. Man erhält so die "stock bottle" oder Vorratsflasche.

Zur Behandlung nimmt man zwei Tropfen aus der Vorratsflasche auf 20 ml Wasser, dem man bereits etwas Weinbrand oder Weingeist zur Konservierung hinzugefügt hat; von dieser Gebrauchsmischung nimmt nun der Patient die verordnete Tropfenzahl. In den meisten Fällen besteht eine solche Mischung aus einem bis fünf Mitteln, wobei von *jedem* gewähltenMittel zwei Tropfen aus der Vorratsflasche auf 20 ml Wasser-Weinbrandgemisch genommen werden. Die normale Dosierung beträgt viermal täglich vier Tropfen – meist über einen Zeitraum von einigen Wochen, bisweilen auch über einige Monate.

Die Heilkraft der Natur

Diese Heilmethode zeichnet sich besonders durch ihre vollkommene Sanftheit und Ungefährlichkeit aus und des weiteren durch die Tatsache, daß sie zudem nur mit den reinsten und schönsten Elementen der Natur arbeitet. Von einigen Ausnahmen (*Vine, Olive* und *Cerato*) abgesehen, werden ausschließlich solche Pflanzen verwendet, die in der freien Natur, ohne Einflußnahme des Menschen, wild wachsen. Als Dr. Bach seinerzeit anfing, nach den Mitteln zu suchen, schloß er von vornherein Gift- und Kulturpflanzen aus. Dafür konzentrierte er seine Suche auf Pflanzen, die unter natürlichsten Bedingungen wachsen, wo ihre starken Heilkräfte ungestört und ohne Verunreinigungen heranreifen können. Die Bedeutung dieser Kraft und Reinheit ist nicht schwer zu erkennen. Man nimmt etwas davon wahr, wenn man "seine" Pflanzen betrachtet – es umgibt sie eine Aura von großer Leichtigkeit und Klarheit. Sogar die kleinen "stock bottles" strahlen jene Einfachheit und Klarheit aus, die für das gesamte Lebenswerk Bachs so charakteristisch sind.

Die Schulmedizin, die sich heute stark auf den Gebrauch von synthetischen Mitteln stützt, steht in einem starken Kontrast hierzu. Die Idee, die heilende Kraft, die den natürlichen Substanzen innewohnt, in Form von isolierten oder synthetischen Verbindungen herzustellen, widerspricht der ganzen Arbeitsweise von Dr. Bach. Die Art und Weise, in der diesen komplexen Methoden der Vorzug gegeben und gleichzeitig der Wert des Einfachen, Natürlichen und Gottgegebenen ignoriert wird, hat etwas außerordentlich Bedenkliches, ja Perverses an sich. Es ist gewiß kein Zufall, daß Arzneipflanzen im englischen Sprachgebrauch als sogenannte "Simples", d.h. einfache, nicht zusammengesetzte Mittel bezeichnet werden.

An dieser Stelle wollen wir keineswegs gegen das moderne Leben polemisieren. Doch im Zusammenhang mit dem Gebrauch der Bachmittel tut man gut daran, über die Beziehung zwischen Krankheit und der Heilkraft der Natur nachzudenken. Der Mensch ist "ein Kind des Universums, nicht weniger als es die Bäume und die Sterne sind", und doch befinden wir uns täglich im Konflikt mit der übrigen Natur – ein Konflikt, der für viele Krankheiten unserer Zeit verantwortlich ist, besonders für jene Formen von Nervenschwäche und krankhafter Nervosität, die bei den heutigen Stadtbewohnern so weit verbreitet sind. Man bedenke, wie Angst und Zorn – welche im weitesten Sinne zwei Grundzustände sind, die unsere Psyche färben – durch den Aufenthalt in der Natur und den Umgang mit natürlichen Dingen gebessert oder gar geheilt werden.

Man stelle sich nur die Wirkung vor, die ein Urlaub am Meer auf den unter Druck stehenden Stadtmenschen hat, um sich diese Tatsache zu vergegenwärtigen. Reizbarkeit, Verspannungen, Stolz oder Depressionen werden durch Beruhigungsmittel nicht geheilt – diese dämpfen nur die Rezeptoren des Nervensystems. Durch die Erkenntnis des wahren Verhältnisses zwischen dem Menschen und der Schöpfung lernen wir, unser Leben wieder harmonisch zu gestalten und unsere Leiden aufzulösen.

Die Bachblüten enthalten die Energien der Natur in einer reinen Form, mit deren Hilfe wir uns wieder besser auf unser Leben einstimmen können. Doch beschränkt sich ihre Wirkung nicht darauf, die Turbulenzen in unserer Persönlichkeit lediglich zu beruhigen und zu glätten. Durch die Wirkung *spezifischer* Energien helfen sie uns, ganz spezifische Probleme zu meistern. Die allgemeine Heilkraft, die von der Natur ausgeht, reicht nicht aus, um der Gier und dem Zorn des Menschen entgegen zu wirken und sie aufzuheben; wäre dies der Fall, könnten wir gar nicht anders, als ein harmonisches Leben in dieser Welt zu führen. Indem wir aber *die potenzierte Energie einer bestimmten Blüte* nutzen – deren Eigenschaften genau auf einen bestimmten Zustand abgestimmt sind – erzielen wir eine Konzentration jener allgemeinen Heilkraft. Und so kann eine tatsächliche Veränderung in uns stattfinden. Haß wendet sich damit zu Liebe, die Verzweifelten kommen zu Vertrauen, die Gleichgültigen finden einen Lebenssinn und die Erschöpften erlangen ihre Kraft wieder.

Die Wirkungsweise der Mittel

In seinem Buch "Heal Thyself" benennt Dr. Bach bestimmte grundlegende Wahrheiten, die wir anerkennen müssen, wenn wir die Natur von "Krankheit" verstehen wollen:

1. Der Mensch hat eine Seele, die sein eigentliches Zentrum, sein Selbst, darstellt. Der Körper ist der "irdische Tempel", den die Seele bewohnt, doch reflektiert dieser nur einen kleinen Teil der eigentliche Seele. Die Seele ist der unsterbliche Funke unserer Göttlichkeit, eine Manifestation dessen, was all–mächtig ist. Sie führt und schützt den Einzelnen, einer Beobachterin gleich, die uns stets den besten Weg weist.

2. Unsere Persönlichkeit, durch die wir in dieser Welt handeln, ist hier, um Erfahrung und Wissen zu sammeln, damit wir in der Vervollkommnung unserer Natur voranschreiten und die Beschädigungen in uns tilgen.

3. Unser jetziges Leben ist nur ein kleiner Teil des gesamten Evolutionsprozesses, ein Tag in jener Ewigkeit, die die Seele als Unsterblichkeit erfährt.

4. Solange Harmonie zwischen unserer Seele und unserer Persönlichkeit besteht, erfreuen wir uns eines friedlichen, glücklichen Lebens, in Gesundheit und Freude. Konflikte entstehen dann, wenn unsere Persönlichkeit, durch Verlangen nach Dingen dieser Welt oder durch den Einfluß anderer Menschen, uns von dem von der Seele bestimmten Pfad wegführt.

5. Es gibt eine allumfassende Ein-heit. Der Schöpfer, der Eins ist – und zugleich das Prinzip der Liebe – manifestiert sich durch unzählige Formen und vereinigt alle Dinge durch diese Liebe. Jede Unvollkommenheit eines Teils wirkt sich auf das Ganze aus. Und jeder Teil der Ganzen wird schließlich vollkommen werden in Liebe.

6. Es ist die Spaltung zwischen unserer Seele und der Persönlichkeit, die zum Konflikt und später zur Krankheit führt – wie auch Unrecht, das wir tun (eine Sünde gegen die allumfassende Einheit), Ursache von Konflikt und Krankheit ist.

Dies ist nur eine Zusammenfassung von Dr. Bachs eigenen Aussagen über die Beziehung des Menschen zur Schöpfung und zum Allmächtigen. Das, was er niedergeschrieben hat, ist widerum nur eine kurze Zusammenfassung jener großen Tradition des Wissens, der Weisheit und der Erkenntnis über die Natur der Wirklichkeit, die der Mensch durch Gnade empfangen hat. An dieser Stelle sind zwei Punkte von besonderem Interesse: zum einen, daß die Krankheit eine Hilfe sein kann, indem sie auf bestimmte Konflikte in uns hinweist, und zum anderen, daß die Arbeit der Selbstentwicklung, die wir selber leisten müssen, einen wesentlichen Teil der Heilung darstellt. Unter diesen beiden Gesichtspunkten müssen wir die Wirkungsweise der Bachblüten betrachten.

Angesichts der Tatsache, daß die Bachblüten auf einer subtilen Ebene wirken, ist es nicht überraschend, daß das herkömmliche wissenschaftliche Denken ihren Wirkungsmodus nicht zu erklären vermag. Eine chemische Analyse einer der Blütenessenzen würde ja auch keine Substanz bestimmen können, die man im Sinne eines üblichen Wirkstoffes für die jeweilige Heilwirkung verantwortlich machen könnte, denn die Wirkung der Bachblüten ist energetischer Natur.

Wie wir bereits festgestellt haben, fand Dr. Bach es außerordentlich wichtig, den Menschen als ein Wesen zu verstehen, das aus verschiedenen Ebenen oder verschiedenen “Körpern” zusammengesetzt ist, wobei der physische Leib die grobstofflichste und dichteste Ebene darstellt. Um es sehr vereinfacht auszudrükken, ist es die Seele, die durch den psychischen Körper hindurchwirkt und unseren Körper mit Leben erfüllt und steuert. Was wir als psychischen Körper oder psychische Ebene bezeichnen, setzt sich aus den Gedanken, Empfindungen und Emotionen zusammen, die das Muster unserer Persönlichkeit bilden. Die Lebensenergie, die einer höheren Ebene entstammt, wird durch dieses Muster gleichsam gefiltert, so daß jene Energie durch die psychische Beschaffenheit des Einzelnen gefärbt wird, ehe sie die physische Ebene erreicht. So schafft der psychische Zustand eines Individuums gewisse energetische Schwingungen, die sich auf den physischen Körper auswirken. Man bedenke, wie Reizbarkeit zum Beispiel, ein psychischer Zustand, sich im Gesichtsausdruck als Stirnrunzeln äußert. Wenn ein solches Verhaltensmuster längere Zeit hindurch bestehen bleibt, werden aus diesen Spuren der Reizbarkeit schließlich Falten werden, die den Ausdruck unseres Gesichtes fortan prägen. Daher sagt man, daß jeder Mensch ab einem bestimmten Alter für sein Gesicht verantwortlich sei.

Um dies zu verdeutlichen, wollen wir eine Analogie gebrauchen: Wenn eine Pflanze zu wachsen beginnt, geschieht dies in einer gleichmäßigen und vollkommenen Art und Weise. Bei Pflanzen derselben Art sehen die ersten Triebe und Blätter stets gleich aus. Doch werden die jeweiligen Bedingungen diesen Wuchs allmählich beeinflussen und schließlich zu einer Form prägen, die für das Individuum charakteristisch ist. Ein Baum ist dem Meereswind ausgesetzt, während ein anderer an einer Mauer emporwächst und dadurch seine Form verändert. In beiden Fällen weicht der Baum von jenem ausgeglichenem Wuchs ab, den man sich als Idealgestalt jener Baumart vorstellt.

Nicht anders ist es beim Menschen. Die Muster unserer psychischen Eigenart erzeugen einen Rhythmus im Körper, der die normalen Körperfunktionen zu verzerren vermag. Ein Baum kann seine gewachsene Form nicht verändern, doch ist der Mensch imstande, seinen körperlichen Zustand aktiv zu verändern, indem er das psychologische Muster seines Lebens verändert. Wenn es einem Menschen, der dauernd unter Ängsten gelitten hat, gelingt, sich von diesen zu befreien, so hat dies eine echte und auch beobachtbare Auswirkung auf den Körper. Die Bachblüten können beim Herbeiführen solcher Veränderungen ein Werkzeug sein. Wenn wir uns vorstellen, daß jeder psychische Zustand [von Ungleichgewicht], den Bach beschrieben hat, ein besonderes Muster darstellt und daß dieses Muster wie eine Linse wirkt, die das reine Licht der Seele verzerrt, dann wirken die Blütenmittel auf dieses Muster und lösen jene Verzerrung auf, so daß die Energie den Körper wieder ungehindert durchströmt.

Dieses psychologische Muster könnte man sich auch als regelmäßige Schwingung mit einer gleichmäßigen Amplitude vorstellen, wobei das Mittel, das als Antidot dazu wirkt, ein genau entgegengesetztes Wellenmuster hat, so daß beide zusammen einen ausgeglichenen und harmonischen Zustand ergeben.

Um ein anderes Gleichnis zu verwenden, könnte man sich das psychologische Muster als etwas Farbiges vorstellen. Die psychische Eigenart des Einzelnen erschiene dann als eine Kombination von verschiedenen Farbtönen, die den Körper wie eine Aura umgeben – ein schwingendes Kraftfeld von Farben. Durch die gängige Redewendung "da sah ich rot" wissen wir ja , wie Zorn ein solches Feld beeinflussen würde. In ähnlicher Weise werden Menschen "grün vor Neid" oder aschfahl vor Schreck. Für beide Fälle gäbe es ein passendes Blütenmittel, und zwar *Holly* bei Zorn und Neid (Rot und Grün sind Komplementärfarben) und *Rock Rose* bei extremer Angst. Durch die Heilwirkung des letztgenannten Blütenmittels werden die grauen Wolken der Angst aufgelöst durch die strahlende Sonne des Mutes und der Freude, durch die wir alle Dinge in ihrem wahren Licht sehen. Würden im erstgenannten Fall die Ausbrüche von Wut und Zorn ungehindert weiter auftreten, würde sich nicht nur die ganze psychische Ebene rot färben, sondern der Fluß der Lebensenergie wäre dauerhaft gestört und der Körper würde einen erheblichen Schaden erleiden, nicht anders als wäre dieser längere Zeit einer schädlichen Strahlung ausgesetzt.

An dieser Stelle sollte man ebenfalls auf den hervorragenden Wert der Mittel bei der Krankheitsvorbeugung hinweisen, auf die Möglichkeit, das psychische Gleichgewicht wiederherzustellen, noch ehe die Störung sich in Form von körperlichen Beschwerden niederschlägt. Sogar vorübergehende psychische Gleichgewichtsstörungen können den Körper so weit schwächen, daß dieser für pathogene Faktoren anfällig wird, die dauernd in der Umwelt vorhanden sind. Virusinfektionen befallen den Körper nur dann, wenn die Abwehrkräfte geschwächt sind. Wenn wir uns in einem Zustand der Unentschlossenheit (*Scleranthus*) befinden oder nicht genau wissen, was wir mit unserem Leben machen wollen (*Wild Oat*), neigen wir besonders dazu, an Allerweltsbeschwerden zu leiden, mit denen die meisten Menschen von Zeit zu Zeit zu tun haben.

Es ist ohne weiteres klar, daß oberflächliche Beschwerden schneller und leichter geheilt werden, als tiefsitzende Leiden. Krankheiten, Schmerzen und Leiden entwickeln sich wie ein organisches Wesen, das vom psychischen Zustand genährt wird. Wenn wir zum Beispiel das Mittel *Beech* betrachten, das bei kritischen, pingeligen, intoleranten Menschen paßt, die an den Gewohnheiten und Eigenheiten ihrer Mitmenschen leicht Anstoß nehmen, dann erkennen wir, wie ein neuer Zweig am Baum des Leidens sprießt, jedesmal wenn ein solcher Mensch Kritik übt. Bei jedem negativen Gedanken entfaltet sich ein weiteres Blatt, bis jener Baum so erdrückend wird, daß er gezwungen wird, seinen Zustand zu erkennen. Diese Leiden werden solche Menschen eines Tages so weit bringen, daß sie nach dem Warum fragen.

Oft genug weigern wir uns, eine Verbindung zwischen unserer psychischen Einstellung und unserem körperlichen Leiden zu sehen. Wir finden vielleicht vorübergehende Erleichterung durch irgendeine medikamentöse Therapie. Wenn die wahre Ursache aber unerkannt und unbeseitigt bleibt, wird das Leiden sich unweigerlich wieder einstellen. Dies ist einer der Gründe, warum Arzneimittel oft nicht zum gewünschten Ziel führen oder letztendlich sogar das Gegenteil bewirken: oberflächlich betrachtet gibt es eine rasche Rückkehr zum Normalzustand, während die wahre Krankheitsursache so virulent bleibt wie eh und je. Wir geben uns einem falschen Gefühl von Gesundheit hin und fahren mit den Verhaltensmustern fort, die nun noch schlimmere Folgen zeitigen müssen.

Es ist wichtig, die Verbindung zwischen unserer psychischen Verfassung und unserem körperlichen Leiden zu erkennen. Indem wir den Zustand erkennen, können wir *mit* dem Mittel arbeiten und Veränderungen in uns rascher herbeiführen. Es muß jedoch auch gesagt werden, daß dies kein unerläßlicher Bestandteil der Heilung ist. Die Bachblüten-Therapie hat sich bei der Behandlung von Kindern, Tieren und Pflanzen bestens bewährt. Die Heilung setzt also Selbsterkenntnis nicht notwendigerweise voraus.

Zuvor haben wir festgestellt, daß die Krankheit etwas Positives sein kann, indem sie uns auf die Notwendigkeit hinweist, uns weiterzuentwickeln und die Konflikte, die wir in uns tragen, zu lösen. Es ist, als ob die Bachblüten uns zeigen würden, in welcher Art und Weise wir an uns arbeiten müssen; zudem sind sie eine echte Hilfe bei der Überwindung jener eingewurzelten psychologischen Muster, die sich in uns entwickelt haben. Wenn wir unsere Gesundheit wieder erlangen wollen, müssen wir Veränderungen in uns willkommen heißen.

Wie viele Menschen sperren sich gegen Veränderungen; sie haben sich schon so an ihren Zustand gewöhnt, daß sie fast gerne leiden und insgeheim lieber unglücklich sind als etwas bei sich verändern (auch dafür gibt es ein Mittel). Manchmal wird eine Störung des psychischen Gleichgewichts nur ungern zugegeben – wir bestehen darauf, daß es sich um ein rein körperliches Leiden handelt und wollen ja alles vermeiden, was in die Persönlichkeit eingreift; das Ego tut alles, um sein kleines Reich zu verteidigen! Wie die alte englische Redewendung besagt, man kann ein Pferd zum Wasser führen, aber zum Trinken kann man es nicht zwingen – man muß sich schon selber entschließen, die Blütenmittel zu nehmen. Wie bei allen Arten von Heilverfahren, ist es natürlich wichtig, daß der Mensch seinen Zustand zum Guten wenden will.

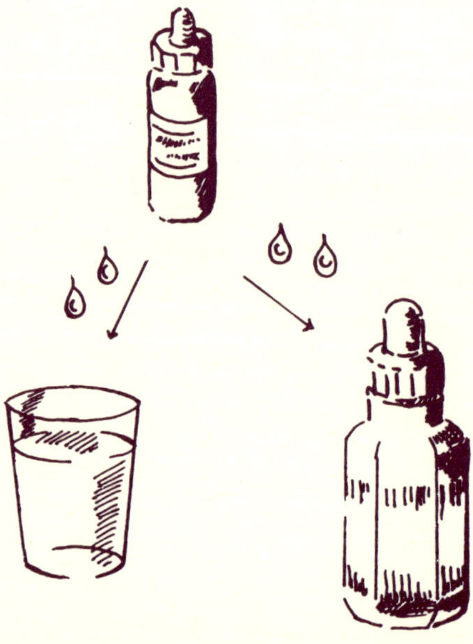

Der Einsatz der Mittel

Obwohl die Wirkung der Bachblüten eine sanfte und nebenwirkungsfreie ist, kann man den Verlauf der Therapie nicht genau vorhersagen. In vielen Fällen stellt die behandelte Person keine unmittelbare Wirkung fest. Manchmal gibt es ein Gefühl der Erleichterung und des Wohlbefindens, man spürt, wie die Verspannungen nachlassen und kann so die weitere Wirkung des Mittels beobachten. Bisweilen wird man plötzlich mit der wahren Natur seiner Persönlichkeit konfrontiert, was eine überraschende Erfahrung sein kann. Es gibt viele Fallbeispiele, in denen eine markante Besserung der Krankheit zu verzeichnen war. Bei hysterischen oder unbewußten Menschen ist eine rasche Wirkung zu erwarten, während ein chronischer Zustand sich nur langsam verändern mag. Da wir psychologische Zustände nicht quantifizieren können, haben wir es mit einer Frage der Qualität und nicht der Quantität zu tun und können keine systematische Vorhersage bezüglich der therapeutischen Wirkungen machen. Deswegen können wir nicht etwa eine siebentägige Kur verordnen, wie dies etwa bei einem Antibiotikum der Fall ist, sondern müssen uns mit den jeweiligen Bedürfnissen auf einer völlig individuellen Basis befassen.

Die individuelle Behandlung des Heilung Suchenden ist wichtig, da es manchmal notwendig ist, das Mittel den Veränderungen des psychischen Zustandes anzupassen, welche nach der Verordnung stattgefunden haben. Wird ein Mensch mit der Realität seiner Situation konfrontiert, kann es sein, daß sich neue Konflikte einstellen. In den ersten Stadien einer Behandlung gibt es oft eine deutliche Besserung, der dann ein Rückfall folgt; der Patient fühlt sich entmutigt und zweifelt daran, daß er seine Gesundheit wieder erlangen wird. In einem solchen Fall wird ohne Zweifel ein zusätzliches Mittel benötigt – *Gentian,* die Bachblüte, die bei Zweifel und Entmutigung, Mangel an Glauben und Überzeugung zu verordnen ist. So wird dieser neue psychische Zustand angegangen und gelöst.

Genauso wie das Leiden des Patienten einem Baum gleicht, der sich jedes Mal, wenn dem beschädigten Verhaltensmuster nachgegeben wird, abermals verzweigt, so wird dieser Baum jetzt gleichsam Ast für Ast zersägt. Manchmal muß man das psychologische Problem durch viele Stadien hindurch verfolgen und erst das eine und dann das andere Mittel anwenden. So gelangen wir langsam zur Wurzel des Problems und können die Ursache des gestörten Gleichgewichtes gründlich beseitigen. Während dieses Vorganges werden die körperlichen Beschwerden sich allmählich bessern, bis die Gesundheit wieder vollkommen hergestellt ist.Wenn die Selbstregulierungsmechanismen des Körpers nicht mehr dem Streß und dem gestörten Gleichgewicht von Seiten der Psyche ausgesetzt sind, werden sie in den meisten Fällen die normalen Körperfunktionen automatisch wiederherstellen können.

Es wäre jedoch irreführend, wenn hier der Eindruck entstünde, daß jede Krankheit mit gleich guten Resultaten behandelt werden könnte. Wie in allen Bereichen der Medizin, gibt es auch bei der Bach-Blütentherapie Patienten, die nicht geheilt werden können. Dafür gibt es verschiedene Gründe; möglicherweise besteht ein irreversibler pathologischer Zustand oder Organschaden; es könnte auch andere, übergeordnete Faktoren geben, die die Heilung verhindern; es gibt Fälle, in denen der Betroffene auf der Ebene der Seele weiß, daß das Leiden fortbestehen muß; es kann sich in solchen Fällen auch um einen angeborenen körperlichen Defekt handeln, welcher auch von den Bachblüten nicht geheilt werden kann.

Während die Blütenmittel uns helfen, im psychischen Bereich Fortschritte zu machen, heißt dies jedoch nicht, daß der körperliche Zustand "automatisch geheilt" wird. So kann es sinnvoll sein mit anderen Heilverfahren zu arbeiten, mit Chiropraktik zum Beispiel, oder mit anderen Verfahren (Feldenkrais, Alexander, Bioenergetik, Core-Energetik, Rolfing, Postural Integration u.ä.), die die Energien des Körpers korrigieren helfen. Bei Patienten mit irreversiblen Gewebsveränderungen müssen die entsprechenden chirurgischen Eingriffe vorgenommen werden. Im letztgenannten Fall sind die Blütenmittel ebenfalls sehr nützlich, um mit dem damit verbundenen Schock fertigzuwerden. Die Bachblüten sind eigentlich in jeder Situation von Nutzen, denn die Anzahl der psychisch ausgeglichenen Menschen ist wahrhaft gering.

Man sollte jedoch bedenken , daß wahres Heilen nicht lediglich mit der Beseitigung von körperlichen Leiden zu tun hat, sondern den Betroffenen dabei helfen sollte, die Bedeutung ihres Leidens zu erkennen. So kommen wir darauf zu sprechen, wie man *die Bachblüten als Mittel zur Selbstentwicklung* verwenden kann.

Obwohl eine solche Arbeit an sich selbst den Rahmen des üblichen medizinischen Interesses sprengt, ist sie dennoch ein integraler Bestandteil der Gesundheit. Im großen und ganzen wird nur die sogenannte Krankheit behandelt und dem Heilung Suchenden als Individuum wenig Beachtung geschenkt. Wie wir jedoch gesehen haben, steht die körperliche Krankheit in einer direkten Beziehung zur Verschlechterung der psychischen Gesundheit.

Einem universellen Gesetz zufolge gibt es keine Nicht-Bewegung. Das, was nicht voranschreitet, muß zurückfallen – alle Dinge sind entweder im Wachsen oder Sterben begriffen. So verhält es sich auch mit unserem psychischen Zustand: wenn wir keine Fortschritte mit unserer Weiterentwicklung machen, befinden wir uns buchstäblich auf dem Weg zur Krankheit. Daher trägt jeder Mensch die Verantwortung an sich selbst zu arbeiten, um die eigenen Lebensbedingungen zu verbessern. Bach spricht in diesem Zusammenhang von der Vervollkommnung unserer Natur und der Entwicklung von Tugenden.

Die Bachblüten können also direkt als *eine Form von Psychotherapie* verwendet werden, und zwar nicht nur bei solchen Menschen, die im herkömmlichen Sinne an psychischen Störungen leiden, sondern *bei allen Menschen*. Um es noch einmal zu sagen, es gibt wenig Menschen, die psychisch ausgeglichen sind.

Ein solcher Gebrauch der Mittel kann ein "Selbsterfahrungsprozeß" sein. Wir müssen uns zunächst mit der Wirklichkeit unserer Persönlichkeit auseinandersetzen und erkennen, was für ein Mensch wir sind. Es ist ein meist unangenehmer Prozeß, sich negative Charakterzüge wie Stolz, Besitzgier, Halsstarrigkeit und Eigensinn einzugestehen, jene Eigenschaften, die andere Menschen ohne Schwierigkeiten bei uns erkennen können und die wir so wenig wahrhaben wollen. Es kann auch notwendig sein, sich mit unterdrückten Gefühlen und früheren Situationen, die wir in tiefere Bewußtseinsschichten verdrängt haben, auseinanderzusetzen. Durch die Wirkung der Bachblüten kann vieles wieder ins Bewußtsein rücken, wo es schließlich verarbeitet werden kann.

Wir können die Psyche mit einem Fluß vergleichen, auf dem viele gefällte Baumstämme treiben. Diese sind die Erinnerungen an all das, was sich in der Außenwelt ereignet hat und nun im Strom der Psyche treibt. Wenn alles seinen rechten Gang geht, treiben die Stämme flußabwärts, dem Sägewerk entgegen, gleich einem nützlichen Erfahrungsmaterial, aus dem wir die Struktur unseres Lebens errichten. Doch können sich, um bei diesem Bild zu bleiben, die Baumstämme machmal verkeilen, das Wasser fließt zwar weiter, aber von dem, was der Alltag uns lehrt, machen wir keinen rechten Gebrauch. Mit dem richtigen Blütenmittel können wir diesen Stau lösen und den Fluß der psychischen Prozesse wiederherstellen.

In einer solchen Situation kann der Einzelne viel produktive Arbeit leisten. Auf längere Sicht gesehen, ist ein solcher Prozeß außerordentlich wertvoll, obwohl dieser manchmal etwas beunruhigend sein kann, etwa dadurch, daß wir vielleicht eine Reihe von eindrucksvollen Träumen haben, nachdem die Stämme wieder flußabwärts treiben. Eine solche Situation stellt jedoch keineswegs eine Heilkrise dar, denn wir können diese Dinge ohne große Konflikte und Unruhen verarbeiten.

Gewisse psychische Erschütterungen sind keine Nebenwirkungen, die sich unweigerlich einstellen. Die Reaktion hängt davon ab, aus welchen Gründen und Überlegungen heraus wir das Mittel genommen haben. Wenn wir in einer solchen Art und Weise arbeiten wollen, wird das Mittel "mitarbeiten". Wenn wir nicht in dieser Richtung arbeiten wollen, bleibt eine Wirkung dieser Art aus. Der Einzelne behält stets die Kontrolle, anders als bei Psychopharmaka, welche störend in die psychischen Prozesse eingreifen. Die Blütenmittel arbeiten mit der Seele, unserer inneren Führerin und Lehrerin zusammen, die, wie Bach sagte, uns stets den besten Weg weist.

Diagnose und Verordnung

Die meisten medizinischen Systeme erfordern eine lange Ausbildung in einem komplexen Rahmen diagnostischer und therapeutischer Methoden. Bemerkenswert an der Bach-Blütentherapie ist die Tatsache, daß nicht nur die therapeutische Methode außerordentlich einfach ist, sondern auch, daß die Diagnose, hat man einmal die Grundsätze erfaßt, sich sehr geradlinig gestaltet. Dadurch wird es auch möglich, sich selbst zu behandeln, ohne einen Behandler aufzusuchen. Nicht umsonst gab Dr. Bach seinem Buch den Titel: Heal Thyself - Heile Dich Selbst. Wir werden vielleicht zunächst einen erfahrenen Verordner von Bachblüten aufsuchen [viele Heilpraktiker – zunehmend auch Ärzte – arbeiten damit], der das System erläutern und den jeweiligen Zustand rascher diagnostizieren kann. In vielen Fällen erwirbt der Patient später seinen eigenen Satz von Mitteln, behandelt sich selbst und gibt Mittel an seine Familie und Freunde ab. Wir werden es vielleicht noch erleben, daß die Bachblüten eines Tages zu einem festen Bestandteil jeder Hausapotheke werden.

Um ein Blütenmittel zu verordnen, brauchen wir nur eine klare Wahrnehmung des psychischen Zustands des Betreffenden*). Dies ist keine technische Angelegenheit, sondern eine Frage von Beobachtung und gesundem Menschenverstand. Die Erfahrung, die das Leben selbst mit sich bringt, reicht aus, um das Notwendige zu erkennen. Man braucht keinen Universitätsabschluß, um Angst, Zorn, Verbitterung oder Mangel an Selbstvertrauen zu erkennen, denn sie liegen auf der Hand. Wir können daher sicher sein, daß jeder Erwachsene, der sich der menschlichen Natur einigermaßen bewußt ist, mit den Bachmitteln umgehen kann. Zudem hat das System sozusagen einen eingebauten Sicherheitsmechanismus, denn eine falsche Diagnose kann keine negativen Wirkungen nach sich ziehen. Wenn wir das falsche Mittel wählen, wird lediglich das jeweilige psychische Problem nicht gelöst. Mit der Erfahrung steigt dann auch die diagnostische Treffsicherheit – was auf jedem Gebiet der Medizin den Heilungsprozeß beschleunigt.

*) Anm. d. Herausgebers: Feststellungen wie diese stellen keine Aufforderung zur Ausübung einer Heiltätigkeit dar – wer andere heilen will, hat die Verantwortung, sich über die gesetzlichen und andere Voraussetzungen selbst zu informieren.

Die zwölf Heiler und andere Mittel

Die ersten zwölf Mittel, die Dr. Bach entdeckte, nannte er "Die Zwölf Heiler". Später entdeckte er 26 weitere Mittel, so daß insgesamt 38 Blütenmittel entweder als *Typenmittel* oder als *Unterstützungsmittel* zur Verfügung stehen. Umfassendere Mittelbeschreibungen sind in umfassenderen Büchern zu finden (siehe Literaturverzeichnis), doch die wichtigsten Eigenschaften der Blütenmittel dürften aus der folgenden Auflistung deutlich hervorgehen. [Die *Typenmittel* sind jeweils am Ende des Absatzes mit einem Sternchen* markiert. Allerdings sollten wir im Blick behalten, daß wir gelegentlich in jeden der 38 beschriebenen Zustände geraten können, auch wenn er einem "Typenmittel" zugeordnet ist.]

Bachblüten bei Angst

ROCK ROSE - Nr.26
Gelbes oder gemeines Sonnenröschen
Helianthemum Nummularium

Rock Rose bei Notfällen, plötzlichen Erkrankungen oder Unfällen, bei sehr großer Angst, Terror, Panik, Hysterie, Todesangst, bei dem Gefühl des Grauens nach Alpträumen, nach einer Berührung mit Kräften, die als dunkel oder böse erlebt werden. Zu den möglichen Symptomen gehören Lähmungen, Bewußtlosigkeit, plötzliche Taubheit oder Sprachlosigkeit, eisige Kälte, Zittern, Verlust der Kontrolle.

MIMULUS - Nr.20
Gefleckte Gauklerblume
Mimulus Guttatus

Mimulus bei Furcht vor "faßbaren" Dingen, etwa vor Tieren, Höhe, Schmerzen, Unfällen, vor Wasser, Dunkelheit, Krankheit, vor dem Alleinsein, dem Tod, anderen Menschen, Lampenfieber; jede häufig ungenannte Furcht vor etwas Bekanntem. Zu den typischen Symptomen gehören Stottern, Rotwerden, Nebenhöhlenbeschwerden (Absonderungen aus den Augen und aus der Nase), flache Atmung, ausgeprägte Empfindlickeit gegenüber Geräuschen, Auseinandersetzungen und Menschenmengen; nervöse Disposition, Schüchternheit.*

CHERRY PLUM - Nr.6
Kirschpflaume
Prunus Cerasifera

Cherry Plum bei Verzweiflung, Angst vor dem Verrücktwerden, vor Verlust der Kontrolle, vor plötzlichen Impulsen, einem Nervenzusammenbruch; bei Selbstmordgedanken, zwanghaften Ängsten, Wahnvorstellungen. Die Symptome bauen sich meist über einen längeren Zeitraum auf: Blässe, starrender Blick, Unruhe, machmal nervöser Rededrang oder zwanghaftes Fragen; potentielle "Geisteskrankheiten"; mentale Verfallsprozesse, die eine zersetzende Wirkung auf das Selbst ausüben.

ASPEN - Nr. 2
Espe oder Zitterpappel
Populus Tremula

Aspen bei "psychologischen" Ängsten unbekannten Ursprungs, die unerklärlich sind und irgendwie unsinnig scheinen, bei plötzlichen Erwartungsängsten, Angst vor unsichtbaren Kräften oder Mächten; Angst vor dem Schlaf aus Angst davor, was dann geschieht; Angst durch Träume verursacht; Angst durch alles, was mit Tod und Religion zu tun hat und meist geheimgehalten wird. Typische Symptome sind Kopfschmerzen, Überanstrengung der Augen, gehetzter Blick, Schwitzen, Zittern, Gänsehaut, plötzliche Ohnmachtsgefühle, Schlafwandeln oder Reden im Schlaf, Müdigkeit und Nervosität.

RED CHESTNUT - Nr.25
Rote Kastanie
Aesculus Carnea

Red Chestnut ist das Mittel für Menschen, die sich übermäßige Sorgen um andere machen. Sie sehen Schwierigkeiten auf sich oder andere zukommen, stellen sich das Schlimmste vor, machen sich Sorgen über die Probleme anderer Menschen, befürchten, daß ihnen aus einer kleinen Beschwerde von jemand anderem ein großes Problem erwächst und projizieren ihre Ängste und Sorgen auf andere.

Bachblüten bei Unsicherheit

CERATO - Nr.5
Bleiwurz oder Hornkraut
Ceratostigma Wilmottiana

Cerato-Menschen zweifeln an ihren Fähigkeiten, sind willensschwach, es fehlt ihnen an Mut, zu ihren Überzeugungen zu stehen, sie mißtrauen sich selbst und fragen lieber andere um Rat; sind nicht imstande, ihrer eigenen Intuition und ihrem Urteil zu trauen, sind oft unvernünftig, wechselhaft, ahmen andere nach und werden leicht von ihrem Weg abgelenkt. Sie sind oft sehr redselig, stellen viele Fragen; häufig Menschen, die als Kind von Gleichaltrigen abgelehnt wurden und die sich von Vorbildern leiten lassen.*

SCLERANTHUS - Nr.28
Einjähriger Knäuel
Scleranthus Annuus

Scleranthus-Menschen können sich schwer entscheiden, können nicht zwischen zwei Dingen wählen, sind wechselhaft und unentschlossen, unkonzentriert, zögern, sind labil und häufig unzuverlässig. Ruhige Menschen, die keinen Rat suchen und extremen Schwankungen hinsichtlich ihrer

Energie und ihren Stimmungen ausgesetzt sind und mit ihren wechselnden Stimmungen schlecht umgehen können. Menschen, die Scleranthus brauchen, erkennt man an ihrem Mangel an Ausgeglichenheit und Haltung, ihrer Sprunghaftigkeit beim Reden; sie sind von zögernder Natur, unruhig, zeigen sich oft in anderer Kleidung, neigen dazu, ihre Meinung zu ändern, ihre Symptome "wandern", kommen und gehen; anfällig für Reisekrankheit.*

GENTIAN - Nr.12
Herbst- oder Bitterer Enzian
Gentiana Amarella

Gentian ist die Blüte für Menschen, die sich leicht entmutigen lassen und in Depression verfallen. Wird bei Zweifeln, Mangel an Vertrauen, bei Melancholie, Skepsis und Enttäuschung verordnet. Depressionen, die auf eine bekannte Ursache zurückzuführen sind, die durch Verzögerungen oder Hindernisse hervorgerufen sind. Gentian ist das Mittel bei allem Leiden, das durch vorübergehende Rückschläge verursacht wurde, sowie bei Pessimismus, negativen Erwartungshaltungen und dem Gefühl des Versagens. Gentian ist bei düsterer Stimmungslage aus den erwähnten Ursachen angezeigt.*

GORSE - Nr.13
Stechginster
Ulex Europaeus

Gorse wird bei Verzweiflung, großer Hoffnungslosigkeit, chronischen Depressionen und Resignation verordnet, sowie bei mangelnder Entschlossenheit, den Zustand zu bessern. Menschen, die Gorse brauchen, glauben, daß ihnen nicht zu helfen ist, sie lassen sich zu einem neuen Anlauf überreden, sind aber innerlich von der Zwecklosigkeit des Versuchs überzeugt; brauchen einen Anstoß - Gorse heilt den inneren Willen. Zu den typischen Symptomen gehören Zustände, die scheinbar unheilbar sind, genetische Leiden, Zustände nach wiederholten Enttäuschungen oder Versagen. Solche Menschen haben häufig dunkle Ringe unter den Augen, einen Ausdruck von Hoffnungslosigkeit; der Betreffende sitzt da ohne Leben, nicht mehr in der Lage zu weinen oder Trauer auszudrücken; bei ausgeprägten Fällen findet sich ein fahles wächsernes Aussehen.

HORNBEAM - Nr.17
Weißbuche o. Hainbuche
Carpinus Betulus

Hornbeam ist das Mittel für vorübergehende geistige und körperliche Schwächezustände, wenn ein Mangel an Energie Interesselosigkeit, Abgeschlagenheit und die Unfähigkeit, mit Alltagsdingen fertigzuwerden, verursacht. Hornbeam ist ein gutes

Mittel für Genesende, die sich ihrer Arbeit nicht gewachsen fühlen, obwohl sie eigentlich wieder vollkommen gesund sind. Typische Symptome sind eine im Vordergrund stehende Müdigkeit und Abgeschlagenheit. Menschen, die Hornbeam brauchen, neigen dazu, morgens lange im Bett zu bleiben und haben das Gefühl , der Last des Tages nicht gewachsen zu sein.

WILD OAT - Nr.36
Waldtrespe
Bromus Ramosus

Wild Oat bei Unsicherheit bezüglich der Berufswahl (was die Ursache von mehr Problemen darstellt, als gemeinhin angenommen wird); bei unklaren oder unerfüllten Ambitionen; Menschen, deren Zielgerichtetheit immer wieder nachläßt. Es handelt sich häufig um begabte Personen, die aber nicht imstande sind, bei einer Tätigkeit, zu der sie sich berufen fühlen, zu bleiben. Zu den typischen Symptomen gehören Mutlosigkeit, allgemeine Unzufriedenheit und Unsicherheit, ein Gefühl der Frustration, Langeweile; solche Menschen finden sich oft in Umgebungen oder Berufen, die ihnen nicht angemessen sind.

Bachblüten bei ungenügendem Interesse an der Gegenwart

CLEMATIS - Nr.9
Weiße oder
Gemeine Waldrebe
Clematis Vitalba

Clematis-Menschen sind Träumer, vergeßlich, unkonzentriert, mit wenig Vitalität; ruhige Menschen mit wenig Interesse an der Gegenwart, in Gedanken und ihren Fantasien versunken, schläfrig und unaufmerksam, romantisch, fantasiebegabt und unrealistisch. Zu den typischen Symptomen gehören Schläfrigkeit, dauernde Neigung zum Einschlafen, Gefühl der Abwesenheit, sich treiben lassen, ausgesprochene Blässe, Langsamkeit, Empfindlichkeit gegenüber Geräuschen; Taubheitsgefühle, Gleichgültigkeit – der Mensch strengt sich kaum an, um seine Krankheit zu überwinden und heißt sogar möglicherweise den Tod willkommen – Menschen, die Clematis brauchen, stolpern häufig, lassen Gegenstände durch Unachtsamkeit fallen, sind während einer Unterhaltung plötzlich geistesabwesend und machen einen lustlosen, oft nachlässigen Eindruck.*

HONEYSUCKLE - Nr.16
Geißblatt,
Je-länger-je-lieber
Lonicera Caprifolium

Honeysuckle ist die Bachblüte bei Nostalgie, Heimweh; für Menschen, die stark in der Vergangenheit leben und mit früheren Beziehungen, vergangenem Glück und Unglück, alten Erfolgen und Mißerfolgen beschäftigt sind; Menschen, die in ihren Erinnerungen leben und durch ihre verklärende Sicht der Vergangenheit der Gegenwart entfliehen wollen.

WILD ROSE - Nr.37
Heckenrose
Rosa Canina

Wild Rose paßt bei Resignation, Apathie und Fatalismus, bei Menschen, die sich nicht mehr anstrengen, sich aufgeben und sich treiben lassen. Solche Menschen sind interesselos, abgeschlagen, haben eine ausdruckslose Stimme, keine Vitalität, sie klagen über ein Gefühl der Monotonie und sind langweilige Zeitgenossen.

OLIVE - Nr.23
Olive
Olea Europaea

Olive ist die Bachblüte für Menschen, die an völliger geistiger oder körperlicher Erschöpfung leiden, Menschen, die ihre Energiereserven so verbraucht haben, daß sie keine Kraft mehr haben. Eine wertvolle Hilfe nach langer Krankheit, langer Pflege eines Kranken, nach schweren Prüfungen und Schicksalsschlägen (Krieg, Scheidung, Krisen usw.) nach lange währender Überarbeitung und Sorgen, nach übermenschlichen Anstrengungen; bei allen geistigen und körperlichen Erschöpfungszuständen.

WHITE CHESTNUT - Nr.35
Weißblühende
Roßkastanie
Aesculus Hippocastanum

White Chestnut wird verordnet bei Gedanken, die sich dauernd wiederholen und dem Geist keine Ruhe lassen, bei anhaltendem inneren Problemwälzen, Sorgen und geistiger Verstopfung. Die Gedanken kreisen, ohne zur Lösung zu gelangen, der gleiche Konflikt wird immer wieder bearbeitet, ein persönliches Drama immer wieder vor dem geistigen Auge aufgeführt. Die andauernde Beschäftigung mit diesen Dingen setzt die geistige Klarheit des Einzelnen herab. Zu den typischen Symptomen gehören Müdigkeit, Schlaflosigkeit, Verwirrung, Depression und Schuldgefühle, die Wiederholung eines Themas während einer Unterhaltung, Unruhe und nervöses Sorgenmachen. Diese Zustände verursachen oft Kopfschmerzen.

MUSTARD - Nr.21
Wilder Senf o. Ackersenf
Sinapis Arvenis

Mustard ist die Bachblüte für Depressionen, die sich ohne erkennbaren Grund einstellen, düstere Stimmungen, tiefe Traurigkeit, Melancholie; meist handelt es sich um ernste Menschen, deren periodische Depressionen sie aus heiterem Himmel befallen. Diese Depressionen sind außerordentlich stark und werden durch nichts gebessert, bis sie ebenso plötzlich verschwinden wie sie gekommen sind. Während eines solchen Zustandes vermag der Betroffene weder die geringste Freude zu empfinden, noch Frieden zu finden.

CHESTNUT BUD - Nr.7
Knospe der Roßkastanie
Aesculus Hippocastanum

Chestnut Bud ist für Menschen, die durch Erfahrung nicht lernen und so die gleichen Fehler immer wieder wiederholen. Es sind häufig ungeduldige Personen, die weit vorausdenken und dadurch falsch einschätzen, was sich gerade jetzt abspielt. Es gelingt ihnen nicht, ihre jetzigen Handlungen auf die Basis vergangener Erfahrungen zu stellen. Sie sind häufig sorglos, ungeschickt, unaufmerksam und werden im Kindesalter oft als zurückgeblieben eingestuft.

Bachblüten bei Einsamkeit

WATER VIOLET - Nr.34
Sumpfwasserfeder
Hottonia Palustris

Water Violet ist das Mittel für jene Menschen, die gern allein sind und ihre Distanz wahren. Bisweilen stolz, ruhig und zurückgezogen, gehen sie Auseinandersetzungen aus dem Weg, sind selbstbewußt und sicher, introvertiert, sehr fähig, friedvoll und haben eine beruhigende Wirkung auf andere. Water Violet-Menschen sind selbstständige Personen, die genau wissen, was sie wollen. Sie sind tolerant und mischen sich nicht in die Angelegenheiten anderer Menschen ein, genausowenig wie sie eine Einmischung von seiten anderer dulden. Sie können zuweilen einen hochmütigen, herablassenden Eindruck machen. Sorgen und Kummer behalten sie lieber für sich. Diese Menschen leiden oft unter Steifheit und Verspannungen, da ihre Energie blokkiert ist.*

IMPATIENS - Nr.18
Drüsentragendes Springkraut
Impatiens Glandulifera

Impatiens paßt bei ungeduldigen Menschen, die sich ungern zurückhalten lassen und am liebsten ihr eigenes Arbeitstempo bestimmen. Sie wollen alles schnell erledigen, kritisieren gern die Fehler ihrer Mitmenschen und sind reizbar, impulsiv, ungestüm, aktiv und intelligent. Dabei sind sie anfällig für nervliche Spannungszustände, Überarbeitung und Unfälle. Zu den typischen Symptomen gehören plötzliche Schmerzen, Krämpfe, Verspannungen im Rücken, Nacken, Kiefer, in den Händen und Schultern, sowie auch Verdauungsstörungen. Impatiens-Kinder können oft reizbar und fordernd sein. Bei Impatiens-Menschen ist der Körper oft nach vorn gelehnt, sie führen gern, ergreifen die Initiative und handeln schnell. Wenn es ihnen zu langsam geht, beenden sie einfach den Satz, den ein etwas langsamer denkender Zeitgenosse gerade begonnen hat. Sie neigen außerdem zu Wut- und Temperamentsausbrüchen, die sich aber rasch wieder legen.*

HEATHER - Nr.14
(Schottisches) Heidekraut
Calluna Vulgaris

Heather-Menschen sind gierig nach Zuwendung, sehr redselig, haben eine zwanghafte Art, ihre Angelegenheiten vor jedem auszubreiten und können nicht allein sein. Es sind ängstliche, sympathiebedürftige Menschen, die von der Energie anderer zehren. Sie sind selbstbezogen, übermäßig mit ihrem Leben und ihren Problemen beschäftigt. Man erkennt Heather-Menschen an ihrem ununterbrochenen Redefluß, sie nageln den Zuhörer förmlich fest, zeigen wenig Interesse an anderen Menschen, können schlecht zuhören und sind Hypochonder (um Aufmerksamkeit zu erzielen).*

Bachblüten bei Überempfindlichkeit gegenüber Einflüssen und Ideen

AGRIMONY - Nr.1
Odermenning
Agrimonia Eupatoria

Agrimony für jemand, der fröhlich, jovial erscheint, keine Klagen führt, sondern seelisches Leid und Sorgen hinter einer Fassade der Unbeschwertheit versteckt. Ein ruheloser Mensch, der Aufregung und Aktivität sucht, um seine Sorgen zu bewältigen, nimmt oft Drogen oder Alkohol, um zu vergessen und Schmerzen und Leid zu dämpfen. Diese Menschen sind friedliebend, gehen Streitigkeiten und Auseinandersetzungen aus dem Weg, verbergen ihre Empfindsamkeit, sind jedoch unruhig und nervös. Ein Agrimony-Mensch streitet Probleme häufig ab, wenn man ihn danach fragt, scherzt und verharmlost im Falle einer Krankheit.*

CENTAURY - Nr.4
Tausendgüldenkraut
Centaurium Umbellatum

Centaury-Menschen sind schüchtern, ruhig, gütig, sanft, konventionell, wollen gerne gefallen, sind willensschwach und fügsam, lassen sich leicht von anderen beherrschen. Sie helfen gern anderen und laufen dabei Gefahr, sich zu Sklaven zu machen.

Oft besteht eine Bindung zu einer stärkeren Persönlichkeit, die ihre Gutmütigkeit ausbeutet, jedoch suchen sich Centaury-Menschen diese Situationen selbst, da sie unterwürfig sind und Persönlichkeitsstärke in anderen anstatt bei sich selbst suchen. Typische Symptome können Schulter und Rücken betreffen (das Tragen einer Last), ferner auch Blässe des Gesichtes mit Ringen unter den Augen, Mattigkeit, gebückte Sitzhaltung.*

WALNUT - Nr.33
Walnuß
Juglans Regia

Walnut verleiht Schutz vor äußeren Einflüssen, wenn die Grundlagen des Lebens während größeren Veränderungen in den Lebensumständen erschüttert werden – während der Zahnung, Pubertät, bei Beginn einer neuen Schule, Karriere, Arbeit, bei jeder grundlegenden Veränderung eines geistigen, emotionalen oder körperlichen Zustandes. Hilft, mit dem Alten zu brechen und das Neue zu etablieren. Schützt vor allem, was den normalen Lebensalauf stört, schützt diejenigen, die von subtilen Kräften angegriffen werden. Walnut wird als das Mittel, das "den Durchbruch schafft" oder "die Halteleine kappt" bezeichnet (englisch: the link breaker).

HOLLY - Nr.15
Stechpalme
Ilex Aquifolium

Holly ist die Bachblüte bei stark negativen Zuständen aller Art; Zorn, Eifersucht, Verbitterung, Neid, Raserei, Mißtrauen, Rachsucht, Haß, Gewalttätigkeit, Übellaunigkeit, Verachtung, Ärger, Egoismus, Frustration - alle Zustände, die der Liebe entgegengesetzt sind.

Bachblüten bei Mutlosigkeit und Verzweiflung

LARCH - Nr.19
Lärche
Larix Decidua

Larch ist bei Menschen angezeigt, denen es an Selbstvertrauen fehlt; sie rechnen mit Mißerfolgen, haben das Gefühl, daß ihnen nie etwas gelingen wird und strengen sich deswegen nicht genug an. Zaudernd, ziehen sie die Dinge hinaus, geben leicht nach und leiden an Minderwertigkeitsgefühlen. Dieses Gefühl des Versagens macht sie mutlos, obwohl sie in Wirklichkeit absolut fähig sind - wenn sie nur durchhalten könnten. Zu den typischen Symptomen gehören allgemeine Depressionen, die auch häufig in Verbindung mit Impotenz auftritt.*

PINE - Nr.24
(Schottische) Kiefer
Pinus Silvestris

Pine ist das Bachmittel bei Selbstvorwürfen; für Menschen, die sich selbst beschuldigen, sich Vorwürfe machen und häufig die Verantwortung für eine Situation auf sich nehmen, die sie nicht verschuldet haben. Menschen, die Pine benötigen, sind unzufrieden und selbstkritisch, übergewissenhaft, reumütig und übermäßig bescheiden. Ihre andauernden Bemühungen sich selbst zu verbessern, können zu Müdigkeit und Depression führen. Pine hilft, jede Art von Schuldgefühlen aufzulösen.

ELM - Nr.11
Ulme
Ulmus Procera

Elm paßt bei sehr fähigen, tüchtigen Menschen, die oft große Verantwortung tragen, sich jedoch gelegentlich von dem Ausmaß ihrer Aufgaben überfordert fühlen. Sie fühlen sich dann manchmal überwältigt, werden schwankend und verlieren vorübergehend ihr Selbstvertrauen. Es entsteht ein Gefühl, den Anschluß verloren zu haben, was große Beunruhigung und seelisches Leid verursacht.

SWEET CHESTNUT - Nr.30
Eß- oder Edelkastanie
Castanea Sativa

Sweet Chestnut ist die Bachblüte für extreme seelische Qualen und Verzweiflung; für Zustände, in denen man die äußersten Grenzen der Belastbarkeit erreicht hat und die Person weder Licht noch Liebe in dieser Welt findet, sondern lauter Zerstörung und Vernichtung, äußerstes Elend um sich sieht – wobei es ihr nicht einmal mehr möglich ist zu beten; Sweet Chestnut ist die Bachblüte für die "dunkle Nacht der Seele".

STAR OF BETHLEHEM - Nr.29
Doldiger Milchstern
Ornithogalum Umbellatum

Star of Betlehem bei Schock, großem Kummer, seelischen Nöten; für Menschen, die Trost und Zuspruch brauchen; das Bachmittel, welches nach schlechten Nachrichten, Unfällen, einem Schreck, einem knapp entgangenem Unglück oder Unfall zu verordnen ist. Star of Betlehem wird eingesetzt, um alle Auswirkungen oder Folgen eines Schocks zu neutralisieren, auch solche, die mit Verzögerung eintreten, oder von einem lange zurückliegenden Schock herrühren - das gilt auch für das Geburtstrauma!

WILLOW - Nr.38
Gelbe Weide
Salix Vitellina

Willow ist für Menschen, die auf jede kleine Widrigkeit des Lebens mit Verbitterung und Unmut reagieren; sie geben anderen die Schuld unf fühlen sich vom Schicksal bestraft. Es handelt sich um egoistische, selbstmitleidige, sich selbst rechtfertigende Individuen, die das Gefühl haben, ihnen sei

Unrecht geschehen. Sie schmollen, sind leicht beleidigt und nachtragend, dauernd unzufrieden und humorlos. Typische Willow-Symptome sind dauerndes Stirnrunzeln, Grummeln, Murren; diese Menschen verbreiten eine düstere Stimmung und ein Gefühl von Negativität; sie sind schwierige Patienten, da nichts sie zufriedenstellt und sie Besserungen ihres Zustandes nur ungern zugeben.

OAK - **Nr.22**
Eiche
Quercus Robur

Oak paßt bei starken, zuverlässigen, geduldigen, verantwortungsbewußten Menschen, die viel leisten und sich viel aufbürden ohne zu klagen; Arbeitstiere, die allen Rückschlägen zum Trotz weitermachen und nie die Hoffnung aufgeben. Ihre unaufhörlichen Anstrengungen und ihre Hartnäckigkeit kann sie jedoch zur Erschöpfung führen. Da sie dazu neigen, sich selbst zu viel aufzubürden und trotz allen Schwierigkeiten weiterzumachen, kann es schließlich zu einem Zusammenbruch kommen. Diese Menschen reagieren mit Unzufriedenheit und Niedergeschlagenheit auf ihre Krankheit, da sie dadurch in ihren Aktivitäten eingeschränkt werden. Oak ist das Mittel für Menschen, die niemals aufgeben, auch wenn ihre Situation aussichtslos ist.*

CRAB APPLE - **Nr.10**
Holzapfel
Malus Pumila

Crab Apple ist das reinigende Mittel für Menschen, die sich in irgendeiner Weise unsauber, unrein, beschmutzt oder infiziert fühlen, wobei es sich häufig um ein relativ geringfügiges Unwohlsein handelt, das beim Betroffenen Verzweiflung und Abscheu vor sich selbst auslöst. Crab Apple paßt sowohl bei körperlichen wie auch bei seelischen Zuständen, bei allen Situationen, in denen man etwas an sich selbst als abstoßend empfindet. Hier hilft diese Bachblüte, das Gefühl für das richtige Maß und Verhältnis wiederherzustellen. Zu den typischen Symptomen gehören Hautkrankheiten, Gifte im Körper oder eine infizierte Wunde, unreinliche Gewohnheiten, Fußgeruch, Abneigung gegen Körperkontakt, zum Beispiel beim Stillen.

Bachblüten bei übermässiger Besorgnis um das Wohl anderer

CHICORY - Nr.8
Wegwarte
Cichorium Intybus

Chicory ist die Bachblüte für Menschen, die zu wahrer Liebe fähig sind, die aber in einem negativen Zustand besitzergreifend werden. Aufgrund ihres Egoismus, ihres Selbstmitleids oder ihrer Eigenliebe entsteht eine Überbewertung und Überbetonung ihrer Beziehungen zu anderen Menschen. Sie werden dann kleinlich, pedantisch, haben dauernd etwas auszusetzen und kommandieren andere gern herum. Sie sind überladen mit negativen Gedanken und Gefühlen, ziehen gern die Aufmerksamkeit auf sich, weinen leicht, haben eine Abneigung gegen das Alleinsein und wollen die Menschen, die sie lieben, in ihrer Nähe haben, um deren Aktivitäten beeinflussen und lenken zu können. Auffallend ist das übermäßig bemutternde Verhalten; aber Kinder, die stark nach Aufmerksamkeit verlangen, brauchen dieses Mittel ebenfalls häufig.*

VERVAIN - Nr.31
Eisenkraut
Verbena Officinalis

Vervain-Menschen sind energisch, voller Begeisterung, erdrückend, angespannt und streitlustig. Sie geben anderen gerne Anweisungen, sind leidenschaftlich und fanatisch. Sie haben feste Ansichten, die sie selten ändern, dafür andere umso mehr davon überzeugen wollen. Diese Menschen haben einen starken Willen und können sich bis zur Erschöpfung überfordern. Zu den typischen Symptomen gehören körperliche Verspannungen, Überanstrengung der Muskulatur, Kopfschmerzen, Überanstrengung der Augen, angespannter Gesichtsausdruck, Überaktivität und Unfähigkeit sich zu entspannen.*

VINE - Nr.32
Weinrebe
Vitis Vinifera

Vine-Menschen sind fähig, selbstsicher, neigen jedoch dazu, ihre Autorität zu mißbrauchen, um Macht über andere zu bekommen. Oft arrogant, ehrgeizig, diktatorisch, anspruchsvoll, streng; haben wenig Mitgefühl für andere und können auch heftig, ja gewalttätig sein und Gehorsam von anderen fordern. Diese Menschen haben einerseits die Fähigkeit, die Art von Führer zu sein, die in Notzeiten eine entscheidende Rolle spielen, neigen aber andererseits dazu, ihre Ziele rücksichtslos zu verfolgen und zu Tyrannen und Diktatoren zu werden. Bei diesen Personen findet man oft einen stark entwickelten Brustkorb und einen großen Wuchs.

Zu den typischen Symptomen gehören extreme Verspannungen, Steifheit des Körpers, Rückenbeschwerden und hoher Blutdruck.*

BEECH - Nr.3
Rotbuche
Fagus Silvatica

Beech paßt bei kritischen, unzufriedenen, intoleranten, reizbaren Menschen, die stets etwas auszusetzen haben und nur die negative Seite der Dinge sehen. Sie sind reizbar wegen Kleinigkeiten oder den Gewohnheiten und Widersprüchen ihrer Mitmenschen und sind anspruchsvoll in Bezug auf Genauigkeit, Ordnung und Disziplin. Arrogante Menschen, die sich über andere wegen Kleinigkeiten beschweren; sie haben ein gutes Urteilsvermögen, sind aber sauertöpfisch, zynisch, streng mit anderen, haben wenig Mitgefühl und sind selber angespannt. Symptome finden sich im oberen Brustbereich; Verspannungen im Kiefer und in Armen und Händen durch übermäßiges Festhalten verursacht.*

ROCK WATER - Nr.27
Wasser aus heilkräftigen Quellen
Aqua Petra

Rock Water ist die Bachblüte für jene strengen Menschen, die enthaltsam leben, Teile ihrer Persönlichkeit unterdrücken, deren Leben von Theorien und einer starken, doch starren Überzeugung dessen was "wahr" ist, bestimmt wird. Gierig nach Perfektion, doch in ihren übermäßigen Anstrengungen gefangen, sind es Idealisten, die ihre Verranntheit nicht durchschauen können. Sie sind anfällig für Fanatismus und spirituellen Hochmut und wollen ein leuchtendes Beispiel für andere abgeben. Häufig Menschen, für die Nahrung ein Fetisch ist. Manchmal in der Weise, daß sie sich übertrieben mit der "richtigen" Ernährungs- und Lebensweise beschäftigen; Personen mit einer strikten Moral. Bei allen negativen Folgen einer allzu strengen Selbsdisziplin ist Rock Water angezeigt.

Das Erkennen der Mittel

Wir wollen annehmen, wir müßten für eine Patientin, Frau X., Bachblüten verordnen. Sie ist eine Nachbarin, die seit vielen Jahren an Migräne und Rheumatismus leidet; sie erwacht früh am Morgen mit ihren Beschwerden und findet dann keinen Schlaf mehr. Sie ist eine energische Persönlichkeit, die sich stark für die verschiedensten Angelegenheiten in ihrer Umgebung engagiert; für eine bessere Straßenreinigung, gegen den Abbruch einer alten Kirche; sie möchte, daß die Lastwagen jene Abkürzung, die an ihrem Haus vorbeiführt, nicht mehr benützen dürfen und so weiter. Jedesmal wenn man sie trifft, bittet sie um eine Unterschrift für ein neues Anliegen. Richtig gesund ist sie eigentlich nie, doch gibt sie nicht auf und organisiert und kämpft weiter für das, was sie für wichtig und richtig hält. Wenn ihren Initiativen nicht der gewünschte Erfolg beschieden ist, wird Frau X. zornig und verbittert über die mangelnde Unterstützung von seiten der Mitbürger. Dann stellt sich ihre Migräne ein. Aber anstatt aufzugeben, nimmt sie den Kampf erneut auf, denn sie gibt sich nie geschlagen.

Wir wollen als erstes versuchen, das Typenmittel für eine solchen Menschen zu erkennen. Es stellt sich schnell heraus, daß Vervain am besten paßt – es entspricht ihren starken Ansichten und der energischen, fast fanatischen Art, sich für das, was sie als richtig erkannt hat, einzusetzen. Holly wäre das passende Mittel für ihren Zorn, und wenn wir näher auf sie eingehen können, würden noch andere Mittel zu erkennen sein – Willow für die Verbitterung, das Gefühl der Versgens, wenn die Initiative keinen Erfolg hat und für das Gefühl, daß ihr Ungerechtigkeit widerfahren ist. Beech könnte ebenfalls in Frage kommen, aufgrund ihrer Neigung, nur die Dinge in ihrem Leben zu sehen, die nicht in Ordnung sind und wegen ihrer intoleranten Haltung jedem noch so kleinen gesellschaftlichen Mißstand gegenüber. Bei unserem fiktiven Fall wollen wir uns darauf beschränken, nur die Art der Mittel anzugeben, die angezeigt wären.

Frau X. wird immer ein begeisterungsfähiger Mensch bleiben. Aber eine Behandlung mit Bachblüten könnte ihr helfen, ihre Energie in einer positiven und kreativen Art und Weise einzusetzen und die negativen Auswirkungen beseitigen, die für ihre Krankheit verantwortlich sind. Die positive Seite ihrer Persönlichkeit wird sich dann als eine tolerantere und offenere Haltung gegenüber den Problemen des Lebens manifestieren, eine Haltung, die auf lange Sicht wohl wesentlich mehr erreichen wird als ihre bisherige "mit dem Kopf durch die Wand"-Einstellung.

An einem solchen Beispiel sehen wir, wie die Wahl der Mittel meist auf der Hand liegt. Ein Mensch muß nicht jeden Aspekt eines Mittels aufweisen, damit dieses angezeigt ist. Wir suchen stets nach der allgemeinen Tendenz. Diese ist oft an bestimmten Redewendungen zu erkennen, oder an der Art und Weise, wie eine besondere Einstellung betont wird. Indem man den Bemerkungen zuhört, die ein Mensch über sich macht, kann man meist die Diagnose stellen. Jede der nachfolgenden Aussagen ist eine deutliche Indikaton für eine bestimmte Bachblüte.

1. "Ich bin ein sehr kritischer Mensch und im Moment fällt es mir schwer, überhaupt etwas Positives zu denken."
2. "Zur Zeit ist er einfach unmöglich, wir müssen genau das tun, was er will, da er natürlich immer recht hat. Mit den Kindern ist er so streng, daß sie regelrecht Angst vor ihm haben."
3. "Ich fühle mich miserabel, bin fix und fertig und habe zu nichts Lust."
4. "Mein Gefühl der Unsicherheit quält mich."
5. "Es hat ja doch keinen Sinn, ich habe schon alles versucht."
6. "Sie geht im Büßerhemd durchs Leben."
7. "Sie war so in Gedanken verloren, daß sie mich neulich gar nicht gesehen hat, als ich ihr auf der Straße begegnet bin."
8. "Ich kann mich zur Zeit überhaupt nicht konzentrieren - mir gehen so viele verschiedene Gedanken durch den Kopf."
9. "Ich mache den gleichen Fehler immer wieder."
10. "Ich habe schon so viele Ratschläge befolgt, aber es war nie das Richtige für mich."

Bei diesen Aussagen wären die folgenden Bachmittel angezeigt:

1. Beech
2. Vine
3. Olive
4. Mimulus
5. Gorse
6. Rock Water
7. Clematis
8. White Chestnut
9. Chestnut Bud
10. Cerato

Jede Haltung oder Einstellung, die so zum Ausdruck kommt, können wir verwenden, um das Mittel zu präzisieren. Es kann auch hilfreich sein, die Einstellung des Patienten (die eigene) zu bestimmten allgemeinen Bereichen festzustellen. Haben Sie Schwierigkeiten, sich zu entscheiden? Wenn Sie dauernd andere um Rat fragen, ist *Cerato* angezeigt. Wenn Sie sich überhaupt nicht entscheiden können – *Scleranthus*. Können Sie sich nicht für einen Beruf, die passende Arbeit entscheiden? In diesem Fall wäre *Wild Oat* angezeigt. Wie stehen Sie zur Arbeit in einer Gruppe von Menschen? Haben Sie Angst davor? – *Mimulus*; arbeiten Sie lieber allein? – *Water Violet*; finden Sie andere zu langsam? – *Impatiens*; beherrschen Sie den Rest der Gruppe? – *Vine*; werden Sie von den anderen als "Fußabstreifer benützt? – *Centaury*; genießen Sie die Gruppe, da es immer jemand gibt, mit dem man reden kann? – *Heather*; und so ließe sich die Liste fortsetzen.

Manchmal sind es körperliche Faktoren, die einen unmittelbaren Hinweis geben. Vielleicht sieht der betreffende Mensch einfach verträumt aus, so daß man ihm den *Clematis*-Zustand ansieht. Manchmal vermuten wir, daß ein bestimmtes Typenmittel angezeigt ist, *Impatiens* zum Beispiel, aber wir müssen dies noch bestätigen. Man kann den Betreffenden fragen, wie er seine Arbeit angeht; ein langsamer und gründlichere Arbeiter wird selten Impatiens brauchen. Wenn derjenige gerne improvisiert, nicht so auf Details achtet und eine Arbeit gern schnell durchzieht, dann sind wir auf der richtigen Spur. Dann könnte man weiter Bestätigung suchen, indem man den typischen Gang des Betreffenden betrachtet (schnell, angespannt, stets der Erste) und vielleicht herausbekommt, wie er auf Kritik reagiert. Mit jedem weiteren Aspekt erhellt sich das Bild der Persönlichkeit.

Indem man Erfahrung im Umgang mit den Mitteln gewinnt, ergibt sich ein vertieftes und umfassenderes Verständnis. Davon abgesehen, daß wir die spezifische Natur der einzelnen Mittel immer besser erkennen, werden wir auch die Umstände, die auf den Gebrauch bestimmter Mittel hinweisen, besser erfassen können. Wir haben den Gebrauch von *Gentian* erwähnt, das bei einem vorübergehenden Rückschlag im Verlauf einer Krankheit verordnet wird. In ähnlicher Weise ist *Centaury* oft bei alten Menschen, die angesichts ihrer Schwierigkeiten aufgegeben haben, eine große Hilfe. *Honeysuckle* ist ebenfalls ein Mittel des Alters, besonders nach einem Todesfall, nach dem Verlust eines geliebten Menschen, gibt dieses Mittel Mut zum Weiterleben. *Honeysuckle* ist auch bei Trennungen von Nutzen.

Red Chestnut ist bei überängstlichen Müttern angezeigt und hilft auch denjenigen, die in Krankenhäusern arbeiten oder in anderen Bereichen, in denen das subjektive Engagement übermäßig Sorge um andere zur Folge haben kann. *White Chestnut* kann man auch mit *Red Chestnut* kombinieren, wenn wir sorgenvolle Gedanken nicht loswerden können. Wenn schwere Aufgaben, die uns Sorge bereiten, bevorstehen, sollten wir *Mimulus* nehmen, welches auch alten Menschen hilft, die Angst vor dem Tod haben. *Rock Rose* hilft Menschen, denen eine extreme Auseinandersetzung, jede Art von "Schlacht" bevorsteht, es bringt Mut und Stärke zum Vorschein und hilft, sich selbst zu vergessen. Man kann dieses Mittel vor dem Gang zum Zahnarzt nehmen - auch da ist zuweilen Mut erforderlich.

Cherry Plum, Gorse und *Sweet Chestnut* sind die drei Bachblüten, mit denen extreme Zustände von Depressionen und Verzweiflung angegangen werden können. Ein solcher Zustand kann in jedem Alter auftreten, doch sollte man bedenken, daß ein *Cherry Plum*-Zustand bisweilen auch bei jungen Menschen auftritt – die großen seelischen Nöte während der Pubertät und bei Depressionen der Adoleszenz. *Cherry Plum* ist auch bei der Behandlung von Störungen, die durch Arzneimittel verursacht wurden, von Nutzen. Wenn der Patient nicht richtig geerdet ist, wird *Cherry Plum* zweckmäßig mit *Clematis* kombiniert. *Clematis* ist bei allen Formen von Ohnmacht, Koma, Bewußtlosigkeit und allen Empfindungen, die vor oder nach diesen Zuständen auftreten, angezeigt – wenn man sich einfach etwas benommen fühlt.

Depressionen ist auf dem Weg der Vernunft nicht einfach beizukommen, ihre Natur ist oft irrational. In diesen Fällen sind die Bachmittel besonders hilfreich. *Mustard* oder *Gentian* sind meist angezeigt; *Gentian,* wenn die Ursache der Depression bekannt ist und *Mustard,* wenn eine Ursache dafür nicht auszumachen ist.

Es ist wichtig zu verstehen, wie man einen Menschen so unterstützen kann, daß seine Stärken gefördert und seine Schwachstellen gekräftigt werden. Man bedenke, daß jedes Mittel eine positive wie auch eine negative Seite hat. Ein Mensch bringt durch die Entwicklung des positiven Ausdrucks seine wahre Natur zur Entfaltung*. Wir sollten stets mit Sympathie, Verständnis und Einfühlungsvermögen vorgehen und dabei *mit der Kraft der Liebe, die vom Herzen kommt,* arbeiten, nicht nur vom Kopf her. Auf diese Art und Weise werden wir erkennen, wie wir uns dem Einzelnen am besten nähern und dann, in welchem Bereich es darauf ankommt zu helfen. Bei einem *Agrimony*-Menschen sollte man nicht versuchen, zu sehr in die Tiefe zu dringen, diese Menschen sprechen am besten auf Güte und Verständnis an. Bei einem *Aspen*-Zustand sollte man die Aufmerksamkeit des Patienten auf Tätigkeiten richten, die den Körper erden helfen, Tätigkeiten wir Gärtnern, Brotbacken, Töpfern usw. Diese Vorschläge kann man behutsam vorbringen, ohne zu drängen. Bei *Olive*-Zuständen ist Schlaf ein großes Heilmittel. Frische Luft, Sonne und der Aufenthalt in der Natur sind bei den Zuständen, in denen *Sweet Chestnut* angezeigt ist, von besonders günstiger Wirkung. Auch diese Liste ließe sich beliebig erweitern, sollte aber ausreichen, um die Beziehung zwischen den verschiedenen Mitteln und den unterschiedlichen Arten und Weisen sie einzusetzen, aufzuzeigen.

Manchmal fällt es schwer, eine klare Diagnose zu stellen. Entweder scheinen alle Mittel angezeigt zu sein, oder man findet überhaupt keine klaren Hinweise auf eine bestimmte Bachblüte.

---

* vgl. die Positiven Schlüsselwörter und Affirmationen zu jedem Blütenmittel im Anhang.

In anderen Fällen kann es sein, daß die Behandlung keine Fortschritte mehr macht. Unter diesen Umständen gibt es drei Mittel, die als sogenannte *Reaktionsmittel* wirken und die Verhältnisse so ändern, daß der Zustand klar erkannt werden kann. Diese Mittel sind *Holly, Wild Oat* und *Star of Betlehem. Holly* paßt am besten bei aktiven Menschen, *Wild Oat* hingegen bei eher passiven Personen. *Star of Bethlehem* wird verwendet, um einem Schock, ganz gleich welche Ebene dieser betraf, entgegenzuwirken, auch wenn das Ereignis lange zurückliegt oder nicht mehr bewußt erinnert wird. Ein Schockerlebnis kann, um das frühere Bild aufzugreifen, der eine Baumstamm sein, der den ganzen Stau verursacht.

Die Verordnung von *Bachblüten für Pflanzen und Tiere* folgt im wesentlichen den gleichen Richtlinien wie die Diagnose beim Menschen. Wir versuchen, die Eigenart des wichtigsten psychischen Zustandes zu erfassen - das heißt, herauszubekommen, was die Pflanze oder das Tier empfinden mag. Ein Hund kann ein *Heather*-Typ sein, er streicht ständig um einen herum und teilt seine Probleme mit; er könnte auch ein *Chicory*-Hund sein, der seinen Herrn dauernd in Beschlag nimmt und nach ständiger Aufmerksamkeit verlangt. Katzen sind oft *Water Violet*-Tiere, oder brauchen *Mimulus,* wenn sie nervös sind. Bei Pflanzen ist es nicht anders: manche brauchen *Scleranthus,* denn sie können sich einfach nicht entschließen, ob sie wachsen und gedeihen wollen oder nicht. *Hornbeam* ist gut bei schwachen Pflanzen oder Pflanzen, die sich hängen lassen. Pflanzen, die von Blattläusen oder Schimmelpilzen befallen sind, brauchen *Crab Apple* als reinigendes Mittel und *Agrimony* für die Qual, die sie nicht ausdrücken können. Wie alle lebenden Dinge können sie Zustände von Schock, Angst, Entmutigung und Hoffnungslosigkeit erleiden.

Kombinationsmittel

Eine besondere Mittelkombination hat sich bei keimenden Samen und Sämlingen bewährt[2]. Die Mischung ist nach den Anfangsbuchstaben der Bestandteile benannt und heißt HOV – *Hornbeam, Olive* und *Vine. Vine* hilft beim Durchbrechen der harten Samenhülse, *Hornbeam* verleiht Kraft und fördert die Entwicklung und *Olive* beseitigt die Erschöpfung, die im Zusammenhang mit dem raschen Keimen und Wachstum auftreten kann. Von jedem dieser Mittel gebe man ein bis zwei Tropfen in die Gießkanne.

Kombinationsmittel bewähren sich auch auf anderen Gebieten. Die *Examenstropfen* bestehen aus fünf Bachblüten und sind eine Hilfe vor und während Examen und Prüfungen aller Art. Diese Kombination setzt sich aus *Gentian, Elm, Clematis, Larch* und *White Chestnut* zusammen. *Gentian* für Zweifel und Entmutigung, *Elm* für den vorübergehenden Verlust des Selbstvertrauens und *Clematis* für den verträumten oder abwesenden Zustand, den man oft antrifft. *Larch* kommt hinzu für das Gefühl der Unzulänglichkeit und des Versagens, während *White Chestnut* die Konzentration fördert. Dieses Mittel stärkt den Willen zum Erfolg und hilft die Ängste und Sorgen, die Prüfungssituationen so häufig mit sich bringen, zu vermindern.

Das wichtigste Kombinationsmittel schuf Dr. Bach und nannte es *Rescue Remedy* – Notfalltropfen oder *Erste-Hilfe-Tropfen.* Die Bestandteile sind *Cherry Plum* für Verlust der Kontrolle, *Clematis* für Bewußtlosigkeit, *Impatiens* für Streß, *Rock Rose* für extreme Angst und *Star of Betlehem* für Schock. Die Erste-Hilfe-Tropfen sind bei einer großen Bandbreite von Situationen von einer so ausgezeichneten Wirkung, daß man sie am besten immer griffbereit haben sollte. Die sofortige Einnahme dieses Mittels nach einem Unfall, nachdem man schlechte Nachrichten erhalten hat, bei allen Notsituationen, auch wenn es sich nur um Kopfschmerzen handelt, stellt eine außerordentlich wertvolle Maßnahme dar. Es gibt unzählige Fälle, die man zitieren könnte, in denen *Rescue Remedy* bei den verschiedenartigsten Zuständen Hilfe und Heilung brachte[4]. Diese Mittelkombination gibt es auch als Salbe, die, man bei Prellungen und jeder Art von

Hautschaden oder Entzündungen anwenden kann. Die Erste-Hilfe-Tropfen sind von so großer Bedeutung, daß wir einige Beispiele ihrer Wirkung anführen wollen.

Dr. Bach benützte diese Mischung das erste Mal bei der Rettung von zwei Menschen, die in einem Sturm vor der Ortschaft Cromer Schiffbruch erlitten hatten. Es dauerte jedoch viele Stunden, bis die Rettungsboote sie bergen konnten, und sie hielten sich in der Zeit über Wasser, indem sie sich an den aus dem Wasser herausragenden Masten des Unglückbootes festseilten. Als sie schließlich gerettet werden konnten, war einer der Männer bewußtlos und blau vor Kälte und Erschöpfung. Dr. Bach eilte zum Strand und flößte dem Bewußtlosen die Erste-Hilfe-Tropfen ein. Dieser erlangte daraufhin rasch das Bewußtsein wieder, setzte sich einige Minuten später auf und verlangte nach einer Zigarette. Ein anderer Fall handelt von einer Köchin, die ihre Hand mit heißem Öl verbrannt hatte. Sie lief in einem Schockzustand in der Küche herum. Sie erhielt sofort *Rescue* (Tropfen wie auch Salbe) und wurde gleich ruhiger. Drei Stunden später waren weder Brandblasen noch irgendwelche andere Spuren zu sehen. Ein Arzt teilte den folgenden Fall, in dem *Rescue* verwendet wurde, mit. Bei einem Mann mittleren Alters fiel der Blutdruck nach einem Herzinfarkt sehr stark ab, so daß er in einen sehr kritischen Zustand geriet. Er erhielt die Erste-Hilfe-Tropfen – über eine intravenöse Infusion. Der Patient erholte sich am nächsten Tag und blieb fortan beschwerdefrei.

Weitere bewährte Mittelkombinationen

Bei Stress: *Vervain, Aspen, White Chestnut, Impatiens, Sweet Chestnut*
Bei Unruhe, Sorgen, Schlafstörungen: *White Chestnut, Red Chestnut, Aspen, Agrimony, Oak, Pine*
Vor einem Neubeginn: *Walnut, Honeysuckle, Mimulus*
Abschied von Naschen, Rauchen, Trinken, Drogen – zur Unterstützung: *Gorse, Crab Apple, Walnut, Cherry Plum, White Chestnut, Chestnut Bud, Olive*
Ein neuer Tag: *Hornbeam, Clematis, Gentian, Larch, Scleranthus, Mimulus*
Zur Meditation – die eigene Mitte finden: *White Chestnut, Red Chestnut, Walnut, Clematis, Holly, Impatiens*

Zubereitung der gebrauchsfertigen Mittel siehe Seite 52.

Radiästhesie

Manche Menschen haben die Fähigkeit, das richtige Mittel für einen Patienten mit Hilfe eines Pendels, einer Wünschelrute oder einer besonderen Sensibilität zu bestimmen. Dazu muß man sagen, daß es hierbei allein auf das Können der jeweiligen Praktiker ankommt – jede Diagnosestellung erfordert Genauigkeit, und wenn diese Form der Diagnose nicht mit einer hohen Treffsicherheit, bestätigt durch entsprechende therapeutische Erfolge, gehandhabt wird, stellt sie eine unnötige Komplikation dar. Es erhebt sich dann die Frage, warum wir blind arbeiten, wenn das Sehen so einfach ist.

Nach diesen Bemerkungen ist es vielleicht ganz nützlich, einen kurzen Blick auf die Handhabung solcher Methoden zu werfen. Die Sensibilität der einzelnen Praktiker ist sehr unterschiedlich. Manche sind in der Lage, sich das Bild des Patienten vor das geistige Auge zu halten, den Finger über eine Liste von Mitteln oder über die Vorratsflaschen zu bewegen und dabei die erforderlichen Mittel zu bestimmen. Dabei wird die Übereinstimmung direkt wahrgenommen, manchmal als eine Art Kribbeln, als ein elektrisches Zucken im Finger oder sogar als plötzlicher Schluckauf. Andere benützen ein Pendel zur Mittelfindung, das nach einem vorher bestimmten Ausschlag "ja" oder "nein" anzeigt. Manchmal ist ein Photo der Person, eine Locke ihres Haares oder etwas ähnliches dazu nötig. Wenn der Patient anwesend ist, wird auch so vorgegangen, daß der Praktiker mit einer Hand die Hand des Patienten hält und mit der anderen die Mittel berührt oder über sie das Pendel hält.

Oberflächlich betrachtet, scheinen diese Methoden rasch und genau zum Ziel zu führen. Wer eine echte Begabung zur Radiästhesie hat, kann auf diese Art und Weise Aspekte und Charakterzüge aufdecken, die auf normalerem Wege schwer zu diagnostizieren sind. Wenn man gar nicht mehr weiterkommt und kein passendes Mittel finden kann, ist es vielleicht hilfreich, sich des Pendels zu bedienen. Auf lange Sicht dürfte eine gründliche Kenntnis der Mittel jedoch weiterführen, da man auf diese Art und Weise dem Heilung Suchenden umfassender helfen und ihn beraten kann und sich nicht darauf beschränkt, nur ein Mittel abzugeben. In den meisten Fällen ist es nützlich, dem Betroffenen zu erklären, warum ein bestimmtes Mittel passend ist, so daß dieser sein Problem besser begreifen und bewußt mitarbeiten kann. Wenn wir die Mittel gut genug kennen, um so arbeiten zu können, werden wir auf Pendel oder Wünschelrute im Normalfall nicht zurückgreifen wollen.

Manche Praktiker auf dem Gebiet der Radiästhesie verwenden das Prinzip der Bachblüten in der Therapie, indem sie die "Frequenz" eines Mittels dem Patienten durch ihre Gedankenenergie übermitteln. Der Patient nimmt das Mittel nicht ein. wird jedoch die gleiche Heilwirkung erfahren da die heilende Schwingung direkt vom feinstofflichen Körper aufgenommen wird. Bei Verfahren dieser Art wird die Vorratsflasche oder der Name des Mittels in eine besondere Beziehung zu dem "Zeugen" (einem Gegenstand des Patienten) gebracht, vielleicht mit Hilfe eines besonderen Heilungsmusters. Manche Heiler können die Eigenschaften eines Mittels ohne Werkzeuge und Geräte projizieren. Natürlich sprengen diese Methoden den Rahmen der normalen Praxis, doch sollten wir eines bedenken: Wenn wir in einem Notfall die Mittel bei uns haben, ist es recht und gut – sollte dies nicht der Fall sein, können wir aber ihre Heilkraft tatsächlich nutzen, indem wir uns stark auf ihre spezifische Heilwirkungen konzentrieren. Wenn wir die subtile Wirkungsweise der Blütenmittel verstehen, wird uns ein solches Vorgehen nicht fremd sein. Genauso wie die Essenz der Blüten eine heilende Kraft enthält, so gibt es auch eine heilende Kraft der Gedanken.

Das Erlernen der Diagnose

Wir wollen nun das etwas schwer zu bestimmende Gebiet der Radiästhesie verlassen und uns mit dem Erlernen der Diagnose befassen, indem wir uns über die Mittel selbst ein Wissen aneignen. Wenn wir gleich an 38 verschiedene Mittel denken, scheint das aufs Erste etwas viel zu sein, doch nach etwas sorgfältigerem Studieren und genauem Beobachten erhellt sich das Gebiet bereits. Die Bachblüten stellen etwas dar, das man als *archetypische Zustände des Menschen* bezeichnen könnte. Wenn wir einen Blick dafür entwickeln, werden wir mit Leichtigkeit Menschen und Situationen erkennen, die eines oder mehrere Mittel verkörpern. Die Beobachtung von Menschen ist eine sehr nützliche Übung für diejenigen, die dieses System erlernen wollen.

Wir wollen einmal einige *Figuren aus bekannten Märchen* betrachten. Viele solcher Figuren stellen einen Typus dar, der einem bestimmten Blütenmittel entspricht. Aschenputtel zum Beispiel war eine *Centaury*-Mensch: sie blieb zu Hause und wurde von den übrigen Familienmitgliedern beherrscht, sie war zu willensschwach, um sich dagegen zur Wehr zu setzen. Trotz ihres ganzen Leidens war sie nicht verbittert – brauchte also kein *Willow*. Ihre Schwestern und ihre Stiefmutter hätten als grausame Tyrannen *Vine* und *Holly* gebraucht, und das letztere Mittel hätte ihnen bei ihrem Neid und Ärger geholfen, als Aschenputtel den Prinzen heiratete. Dornröschen hätte natürlich dringend *Clematis* benötigt; das gleiche Mittel hätte Rip van Winkle auch gebraucht, und zusätzlich *Star of Betlehem*. Die Beispiele ließen sich beliebig fortsetzen.

Eine weitere Übung bestünde darin, für die Figuren, die die *gängigen Fernsehsendungen* wie Dallas, Denver oder die Lindenstraße bevölkern, Bachblüten zu verschreiben. Und jener blinde alte Mann, der so unabhängig ist, daß er Hilfe ablehnt, ist natürlich ein *Water Violet*-Mensch. Das aktive Engagement einer Petra Kelly erinnert uns an *Vervain*. Auch Figuren aus Cartoons, wie die Peanuts oder Ashley Brilliants philosophische Alltagshelden/-innen, bieten eine Gelegenheit für Mittelstudien. Jeder Film oder jedes Bühnenstück mit guten Charakterprofilen bietet eine Fülle von Material. Jener Mann, der nach dem Tod seines jungen Sohnes seinen Schmerz nicht zeigte, sondern anfing, stark zu trinken, hätte *Agrimony* gebraucht. Die Frau in dem kleinen Laden, die einen nicht gehen läßt, bevor sie ihre halbe Lebensgeschichte erzählt hat, ist ein *Heather*-Typus. Und Eyeore in dem Kinderbuchklassiker "Pu der Bär"? Ein reiner *Gentian*-Fall, wie sein berühmter Kommentar – "Guten Morgen, wenn es tatsächlich ein guter Morgen sein sollte, was ich bezweifle" – verrät.

Bei Shakespeare oder Dickens könnten wir uns wochenlang mit theoretischen Verordnungen beschäftigen. In Hamlet wäre eine Reihe von Mitteln angezeigt. Das Typenmittel für Hamlet wäre *Scleranthus* aufgrund seiner Unentschlossenheit ("Sein oder Nichtsein, das ist die Frage..."). Bei seiner tiefen Melancholie hätte er *Mustard* gebraucht und *Cherry Plum* bei seinen Selbstmordgedanken und der drohenden Geisteskrankheit. *Aspen* und *Walnut* hätten ihm bei der Begegnung mit dem Geist seines verstorbenen Vaters geholfen. Andere Heldengestalten können in ähnlicher Weise analysiert werden.

Derartige Überlegungen sind eine unterhaltsame Sache. Näher an die Praxis führt der Weg, *die eigenen psychischen Zustände* zu beobachten und zu analysieren. Man kann sein Leben Revue passieren lassen und herausfinden, zu welcher Zeit ein besonderes psychologisches Muster im Vordergrund stand. Wie waren Sie als Kind? Waren Sie reizbar und ungeduldig, hatten Sie zu wenig Selbstvertrauen? Oder waren Sie nach außen hin ein stets fröhliches Kind, das seinen Kummer nie zeigte? Waren Sie überaktiv oder träge und verträumt? Für jede dieser Eigenschaften gäbe es ein passendes Typenmittel. Wir können uns dann auch die Krisenzeiten unseres Lebens mit ihren Auswirkungen für Körper und Psyche vergegenwärtigen. Vielleicht gab es eine Zeit der Trennung von der gewohnten häuslichen Umgebung, einen Umzug, den Verlust eines Elternteils, bestimmte Unfälle oder Verletzungen. Jede Situation kann uns eine Geschichte erzählen in der Sprache der Mittel, die angezeigt gewesen wären. Vielleicht können wir einen kausalen Zusammenhang erkennen zwischen einem psychologischen Zustand und einer darauffolgenden Erkrankung. Vielleicht wurde eine frühe Liebe nicht erwidert, wir waren bitter enttäuscht und bekamen einige Zeit danach Drüsenfieber. Vielleicht haben wir uns beim Fußballspielen das Bein gebrochen und hatten danach nie mehr das rechte Selbstvertrauen, um Sport zu treiben; und in dieser Zeit fing das Asthmaleiden an. Der Schock solcher Ereignisse kann noch latent vorhanden sein, so daß es auch nach so langer Zeit sinnvoll sein könnte, *Star of Betlehem* zu nehmen. In einem nicht untypischen Fall litt ein 30-jähriger Mann noch immer an dem Trauma, im Alter von drei Jahren fast ertrunken zu sein.

Vielleicht erinnern wir uns an andere Ereignisse und Situationen, die sich später im Leben zugetragen haben. Gab es eine Zeit in der Sie übermäßig beschäftigt waren und sich so überfordert haben, daß Sie einem Zustand der Erschöpfung nahe waren? Gab es im Gegensatz dazu eine Zeit, in der Ihnen nichts gelungen ist, Sie entmutigt und deprimiert waren, fast bis zur Hoffnungslosigkeit? Dann können wir uns vielleicht an eine Zeit der Verzweiflung erinnern, in der alles sinnlos erschien – in einem Fall verlor ein Mann sein ganzes Kopfhaar während einer solchen Krisenzeit; auch dieser Zustand könnte durch den Gebrauch der richtigen Blütenmittel noch rückgängig gemacht werden. Bei unserer Rückbetrachtung würden wir wohl auch Zeiten des großen Glückes sehen, in denen wir in einer produktiven und erfüllenden Arbeit aufgingen, Zeiten in denen das Leben eine Freude war – waren wir eigentlich damals krank? Ganz sicher nicht.

Indem wir unser eigenes Leben in dieser Art überblicken und feststellen, welche Blütenmittel angezeigt gewesen wären oder noch sind, können wir eine Menge lernen. Sicherlich wird der Leser das eine oder andere Mittel gefunden haben, das einem Freund oder Bekannten entspricht. Wenn wir die Eigenart eines Typenmittels erkennen können, werden wir ihm immer wieder begegnen. Es ist so, als würden wir ein neues Wort lernen und plötzlich feststellen, wie oft es gebraucht wird, obwohl wir dies vorher nie bemerkten.

Wenn wir ein ausgeprägtes Charakteristikum eines Typenmittels erkennen, fehlen uns zwar noch viele Feinheiten, aber wir haben einen Bezugspunkt, auf den wir immer wieder zurückgreifen können. Wenn wir so die Typenmittel erkennen können, werden wir auch die mehr vorübergehenden Zustände relativ leicht ausmachen können. So wird ein *Vervain*-Mensch, der an einem *Gentian*-Zustand leidet, ganz anders reagieren als ein

Water Violet-Mensch, der sich in einem Gentian-Zustand befindet. Die *Vervain*-Person wird der depressiven Stimmung energisch Ausdruck verleihen (und vielleicht mit einem Gegenstand werfen), während der *Water Violet*-Mensch sich noch mehr zurückzieht (man wird ihn noch seltener sehen als zuvor).

Das Erlernen der Diagnose bringt in Wirklichkeit ein *Studium der menschlichen Natur* mit sich. Es ist eine erstaunliche Tatsache, daß ein erfahrener, reifer Mensch, der mit den Mitteln nicht vertraut ist, mit Hilfe eines Handbuches dennoch eine genaue Dignose stellen kann. Für einen solchen Menschen sind die Mittelbeschreibungen ein Ausdruck dessen, was er bereits weiß. Diejeinigen von uns, die noch viel zu lernen haben, werden feststellen, daß die Arbeit mit den Mitteln zu einem vertieften und liebenden Verständnis des Menschen führt, das dem Dienst am Nächsten zugute kommen kann. Denn so, wie uns Wissen zufließt, ist es uns aufgegeben, den Menschen in unserer Umgebung zu helfen.

"Hinter aller krankmachenden Anspannung liegen unsere Befürchtungen,
unsere Ängste, liegt das, was wir begehren, und das was wir zurückweisen.
Laßt uns diese Ursachen aufspüren und heilen – und mit ihrer Heilung
werden Anspannung und Kranksein verschwinden.
Die Dynamik der Blüten-Essenzen erhöht unsere Schwingungen und öffnet
unsere Empfangskanäle für das spirituelle Selbst.
Sie tränkt unser Wesen mit genau der Tugend, die wir gerade brauchen und
wäscht das Unvollkommene heraus, das den Schmerz verursacht.
Die Blüten-Essenzen wirken nicht durch Angriff auf den Krankheitszustand,
vielmehr durch ein Durchfluten unserer Körper mit den schönsten
Schwingungen unseres höheren Seins.
So gibt es keine wirkliche Heilung, bevor die Haltung geändert, der innere
Widerstreit beendet wird und ein innerer Raum entsteht für Glückserleben."

Dr. Edward Bach

Herstellung der Gebrauchsmischung

Nachdem die jeweils passenden Bachblüten bestimmt sind, muß das gebrauchsfertige Mittel hergestellt werden. Man nimmt dazu eine kleine, saubere Flasche mit einem Tropfeinsatz oder einer Pipette (20 oder 30 ml sind die beste Größe hierfür – es gibt sie in Apotheken). Die Flasche wird dreiviertel mit [gefiltertem, reinem] Wasser gefüllt – natürliches Quellwasser ist empfehlenswert, aber nicht absolut notwendig – das restliche Viertel mit Weinbrand ergänzt, welcher der Haltbarmachung dient. Interessanterweise hat Dr. Bach hierzu Weinbrand bevorzugt, aufgrund von dessen Beziehung zu zwei der Blütenmittel, nämlich zu *Vine* und *Oak*, da es sich um ein Produkt der Weinrebe handelt, das in Eichenfässern gelagert wird.

Wir nehmen dann die Vorratsflaschen der gewählten Mittel und geben daraus *zwei Tropfen von jedem Mittel* in die Arzneiflasche. Man achte auf Sauberkeit und vermeide es, das Glas der Pipette zu berühren. Die Arzneiflasche wird leicht geschüttelt und ist nun, bis auf eines, fertig zum Einnehmen (vgl. S. 12 unten).

Dr. Bach war es gegeben, diese Heilmittel zu entdecken und wir haben gesehen, daß er großen Wert darauf legte, daß der Einzelne sich seiner göttlichen Herkunft bewußt wird und erkennt, daß der größte Teil dessen, was den Menschen ausmacht, außerhalb des physischen Körpers liegt. Wir sind geschaffen von einem Gott, der Eins ist, und wir sollten danach streben in dieser Welt zu leben, zu lieben und zu lernen – als Kinder, die aus Ein-heit hervorgegangen sind. *Alle Heilung kommt durch die Gnade der All-macht* zustande und wir sollten darum bitten, daß der Geist der Kraft und der Liebe durch das Mittel zur Heilung derer, die Beistand brauchen, wirken möge, so daß wir alle ihren Willen besser erfüllen können – wieder Eins zu werden, wenn das unsere Bestimmung ist.

Wir wollen ein Gebet über das Mittel sprechen, ehe wir es aus unseren Händen geben. Danach, wie Edward Bach selbst schrieb...

"... gibt es nichts mehr zu sagen, denn der erkennende Geist wird dies alles wissen, und möge es genug Erkennende geben, die diese Gottesgaben, ungehindert von den vorherrschenden wissenschaftlichen Vorstellungen, zum Wohl und Segen aller verwenden."[3]

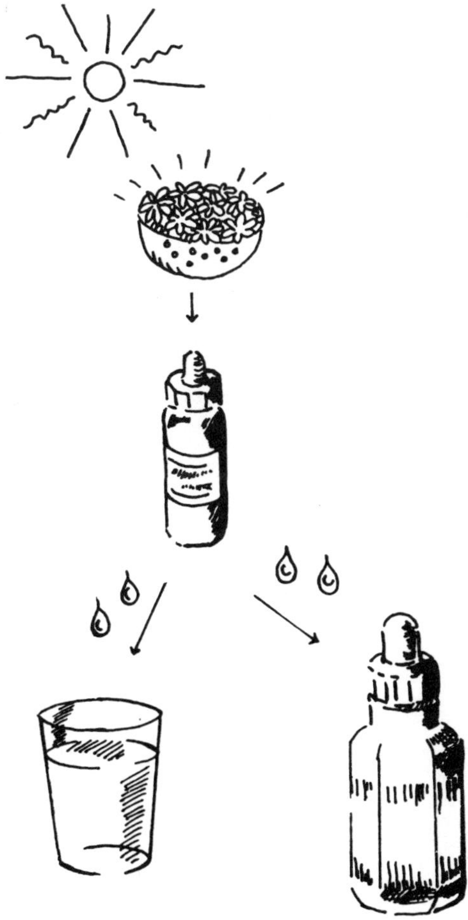

Literaturverzeichnis

Aus folgenden englischsprachigen Werken stammen die Zitate im Text:
Edward Bach: Heal Thyself (1931/C.W. Daniel)
Nora Weeks: The Medical Discoveries of Edward Bach Physician[1] (C.W. Daniel 1940)
T.W. Hyne Jones: Dictionary of the Bach Flower Remedies[2] (1979)
Edward Bach: The Twelve Healers and Other Remedies[3] (1933/C.W. Daniel)
Gregory Vlamis: Flowers to the Rescue – The Healing Vision of Dr. Edward Bach[4] (Thorsons 1986)

Deutschsprachige Standardwerke zu den Bach-Blüten:
Edward Bach: Blumen, die durch die Seele heilen (Hugendubel, München 1979)
Edward Bach: Von der Homöopathie zu den Bach-Blüten – die gesammelten Werke, ausgewählt von Julian Barnard (Aquamarin, Grafing 1988)
Edward Bach / Jens Erik Petersen: Heile dich selbst mit den Bach-Blüten (Droemer-Knaur 1988)
Edward Bach: Die nachgelassenen Originalschriften – herausgegeben von Judy Howard und John Ramsell (Hugendubel)
Julian Barnard: Blüten für die Seele – Das Bachblüten-Brevier für die ersten Schritte (Integral. Volkar-Magnum., Wessobrunn 1987, 1992)
Julian und Martine Barnard: Das Bach-Blüten-Wunder – Geheimnis und Wirkung der Bach-Blüten; mit praktischen Anleitungen zur Herstellung der Essenzen (Heyne Ratgeber Esoterik, München 1989)
Götz Blome: Das neue Bach-Blüten-Buch (Bauer)
Götz Blome: Heile dein Kind an Körper und Seele (Bauer)
Götz Blome: Mit Blumen heilen, mit einem Teil über Astrologie und Bachblüten (Bauer Verlag, Freiburg 1985)
Philip M. Chancellor: Das große Handbuch der Bach-Blüten (Aquamarin, Grafing 1988)
Peter Damian: Astrologie und Bach-Blütentherapie (Aquamarin, Grafing 1986)
Dietmar Krämer: Neue Therapien mit Bach-Blüten – Band 1: Beziehungen der Blüten zueinander; innere und äußere Blüten (Ansata, Interlaken 1989)
Dietmar Krämer, Helmut Wild: Neue Therapien mit Bach-Blüten – Band 2: Diagnose und Behandlung über die Bach-Blüten Hautzonen (Ansata, Interlaken 1989)
Dietmar Krämer: Neue Therapien mit Bach-Blüten – Band 3: Akkupunkturmeridiane und Bach-Blütenschienen; Behandlung von Kindern (Ansata)
Mechthild Scheffer: Bach-Blütentherapie – Theorie und Praxis (Hugendubel, München 1981)
Mechthild Scheffer: Erfahrungen mit der Bach-Blütentherapie (Hugendubel, München 1984)
Mechthild Scheffer: Original Bach-Blütentherapie – Lehrbuch für die Arzt- und Naturheilpraxis (Jungjohann)
Gregory Vlamis: Die heilenden Energien der Bach-Blüten (Aquamarin, Grafing 1987)
Nora Weeks: Edward Bach – Entdecker der Blütentherapie – sein Leben (Hugendubel)

Karten: Alois Hanslian: Bachblüten-Devas – 40 Bildkarten im Schmuckkarton (Aquamarin)
Beate Helm: Das Bach-Blüten-Orakel – 40 Karten (Aquamarin, Grafing 1989)
Ingrid S. Kraatz, Wulfing von Rohr: Das Original Bachblüten-Farbkarten-Set (Urania)
Ingrid S. Kraatz, Wulfing von Rohr: Die richtige Schwingung heilt – mit 38 Bach-Blüten-Farbkarten (Goldmann, München 1989)

Beatrice C. Müller, Siegfried Köpfer: Blütenbilder, Seelenbilder – 39 Farbfotokarten mit Anleitungsbuch (Aurum)
Tonträger: Aurea: The Road to Paradise – Musik und Meditationen aus dem Energiefeld der Bach-Blüten. CD, Begleitheft mit farbigen Blüten-Mandalas (Integral. Volkar-Magnum.)
Ingrid S. Kraatz, Wulfing von Rohr: Die sieben Heiler – Mit Bachblüten die Gefühle heilen. MC (Bauer)
Video: Angelika Weber/Mechthild Scheffer: Seelentherapie mit Blütenenergie (Hugendubel, München 1989)

Weitere Literatur zu den Bach-Blüten und anderen Blütenessenzen:

Dirk Albrodt: Gesund durch Blütenessenzen – Handbuch Kalifornischer Blütenbehandlung (Laredo)
Renate Edelmann: Mit Bach-Blüten unsere Haustiere heilen (Ansata)
Anette Frankenberger: Blütenessenzen für Frauen
Anette Frankenberger: Blütenessenzen für Partnerschaft und Sexualität
Anette Frankenberger: Blütenessenzen für Schulkinder
Anette Frankenberger: Blütenessenzen für Schwangerschaft und Geburt
Anette Frankenberger: Blütenessenzen für Spiritualität und Kreativität (alle bei Droemer Knaur)
Eliane Ganem: Blüten der Erkenntnis. Die Kraft der Bachblüten selbst erschließen durch das Enneagramm. (Integral. Volkar-Magnum.)
Louise L. Hay: Heile deinen Körper (Lüchow)
Beate Helm: Die Heilkräfte der Kalifornischen Blütenessenzen (Aquamarin)
Judy Howard: Bach-Blütentherapie für Frauen (Aurum)
Judy Howard, John Ramsell: Die Bachblüten – Fragen und Antworten (Hugendubel)
Richard Katz, Patricia Kaminski: Blütenessenzen, Repertorium ihrer Wirkungsweisen (Laredo)
Dietmar Krämer: Esoterische Therapie I – Ätherische Öle, Edelsteine, Bachblüten (Ansata)
Willy Küttel: Heilende Blütenessenzen (AT-Verlag)
Barbara Luetgebrune: Handbuch der Kalifornischen Blütentherapie (Windpferd)
Ilse Maly: Bachblüten als Chance und Hilfe (Droemer-Knaur)
Michaela Prantner-Volek: Blütenessenzen für Körper, Seele und Geist (Windpferd)
Mechthild Scheffer, Wolf-Dieter Storl: Die Seelenpflanzen des Edward Bach – mit Fotos von Wolfgang Weitzel u. a. (Hugendubel)
Sigrid Schmidt: Bach-Blüten für Kinder (Graefe + Unzer)
Sigrid Schmidt: Durch Bachblüten zu Wohlbefinden und innerer Harmonie (Graefe + Unzer)
Herbert Thelesklaf: Blüten heilen Kinderseelen. (Laredo)
Nora Weeks, Victor Bullen: 38 Bach-Original-Blütenkonzentrate – spezielle Potenzierungsmethoden (Jungjohann)
Ian White: Die australischen Busch-Blütenessenzen (Laredo)
Michaelle Small Wright: Die Perelandra-Blütenessenzen (Droemer-Knaur)

Raum für Notizen und Nachträge:

Beilagen-Hinweis:
Die Faltkarte „Blüten-Bewußtsein – Ein Bachblüten-Begleiter" ist eine Schöpfung des Integral. Volkar-Magnum. Verlags – jetzt als Lesezeichen zu Julian Barnards erfolgreichem Bachblüten-Brevier *Blüten für die Seele*. Sie ist dieser Ausgabe lose beigelegt. Sollte sie in Ihrem Exemplar fehlen, können Sie Ihre Buchhandlung bitten, die Faltkarte „Blüten-Bewußtsein" für Sie nachzubestellen.
Mögen Buch und Beilage Ihnen dienen und Sie Ihrem Lebensziel näher bringen!

Volkar-Magnum.

Information der „Healing Herbs Ltd.":

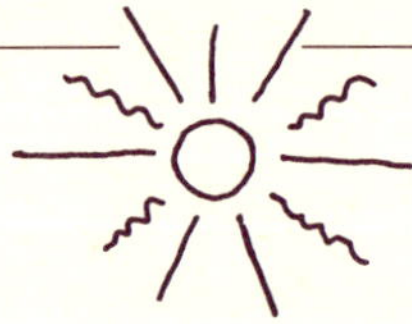

Die englische Firma „Healing Herbs Ltd.", eine Gründung des Bachblüten-Forschers und -Praktikers **Julian Barnard**, bietet als unabhängiger Hersteller die Blüten-Essenzen an:

HEALING HERBS

Die 38 Blütenessenzen – „zubereitet nach den Original-Vorschriften von Dr. Edward Bach". Ein Informationsblatt wird mitgeliefert.

Bezugsquellen in Deutschland, Österreich und der Schweiz erfragen Sie bitte bei: Healing Herbs Ltd., att.: Martine Barnard, P.O. Box 65, Hereford, HR2 OUW, England. (Anfragen in englisch oder deutsch).

Weitere Informationen sowie die in diesem Buch besprochenen Blüten-Essenzen erhalten Sie bei:

L. F. Naturprodukte
Treenering 105
D-24852 Eggebek
Telefon 04609/91 02-0 Telefax 04609/91 02-34

Laredo Verlag Herbert Thelesklaf
Sonnenstraße 1
D-83339 Chieming
Telefon und Telefax 08664/10 01

S. C. C. I. Sarl
MEG's Bachblüten-Großhandel France
B.P. 75 Cedex
F-67162 Wissembourg
Info-Telefon (für BRD) 07225/7 74 20
Info-Telefax (für BRD) 07225/7 50 64

Die dort erhältlichen Blüten-Essenzen wurden in England zubereitet von Julian und Martine Barnard und über Healing Herbs Ltd., Hereford, bezogen.